不祥事事例の
分析だけでは身につかない!

弁護士が説く弁護士の押さえておくべき法曹三者の倫理

関東弁護士会連合会
「法曹倫理教育に関する委員会」編著

第一法規

発刊のごあいさつ

本書は、関東弁護士会連合会の「法曹倫理教育に関する委員会」が編集いたしました。

同委員会は、平成26年に、当時の関東弁護士会連合会の若旅一夫理事長の強いリーダーシップによって設立されました。若旅理事長は、司法改革をめぐる議論が制度に関する議論に集中し（そのような議論が重要であることは当然の前提です）、ともすれば制度を支える「人」に対する視点を欠いていると感じていました。冤罪事件が、決して戦後の混乱期の遺物ではなく、現在でも起こり得るものであることが明らかになりましたが、その原因を分析すると、法曹三者に法曹倫理に欠けた部分があったことも指摘できると考えていました。若旅理事長は、これから法曹になろうとする者や法曹になって間もない者、より良い法曹を志すすべての者に法曹倫理について深く考えてもらい、心ある法曹が少しずつでも増えていけば、やがて日本の司法は大きな進歩を遂げると何度も熱く語っていました。そのような若旅理事長の熱意に共鳴した者が集まって法曹倫理教育に関する委員会は発足したのです。

いざ委員会が活動を始めると、法曹倫理に関する文献や資料が決して多くないことがわかりました。特に裁判官や検察官の倫理について論じている文献はわずかでした。ないならつくるしかない、いささか無謀であったかもしれませんが、自分たちでつくろうと挑戦することにしました。従前の文献はもちろん参考にさせていただきました。皆それぞれ工夫を凝らしていますが、僭越なことを申し上げれば、体系的・理論的な視点が弱いように思いました。それらの文献では、法曹倫理の具体的な内容として、独立性や廉潔性といったキーワードが提示され、その内容について過去の事例等を素材にして論を進めていくことが多くありました。しかし、独立性や廉潔性が法曹倫理の内実となるのはよいとしても、相互の関係や、それ以外に法曹倫理の具体的な内実はないのかなど、さまざまな疑問が浮かんできました。我々法律を学んできた者としては、やはりまず対象の本質を明らかにしてそこから議論を展開させていくやり方がよい、というよりそれ以外のやり方で体系的に論ずるには能力が及ばないと思いました。

では、法曹倫理の本質とは何なのでしょう。何を手掛かりに考察していけばよいのでしょう。

あれこれ考えあぐねていましたが、若旅理事長と当委員会の初代委員長である太田秀哉東京弁護士会会員が見つけた１つの文献が光明を与えてくれました。村岡啓一先生の論文です。村岡先生は元札幌弁護士会会員で、一橋大学法学部長等を歴任され、平成 26 年当時は一橋大学大学院法学研究科特任教授をされていました。その村岡先生の論文は次のように論じていました。「法曹倫理も職業倫理の１つであり、法曹倫理とは法曹という職業の倫理である」と。なるほど、では法曹倫理の本質を探ることは「法曹という職業」の本質を探ることになります。まず法曹三者に共通する本質を考察し、そのうえで個別に論じることにするという本書の構成が固まりました。

本書は、これから法曹を目指す人や法曹になって間もない人、より良い法曹を志すすべての人にぜひ読んでいただきたいと思っています。そのためにストレスなくスピード感をもって読めるように平易な表現を心掛けました。また飽きが来ないように途中でコラムを入れました。自分自身の問題として考えていただけるように設問と解題も盛り込みました。

本書が法曹や法曹を目指す皆様のお役に立てれば幸甚です。

また、当委員会の生みの親ともいうべき元関東弁護士会連合会理事長で、現在も当委員会顧問である若旅一夫東京弁護士会会員からも論稿をいただきましたので、併せてご覧ください。

本書作成にあたり、法曹倫理教育に関する委員会の委員及び顧問、関東弁護士会連合会の事務局の方々並びに第一法規株式会社の編集部の皆様には大変お世話になりました。

この場をお借りして厚く御礼申し上げます。

令和４年９月

令和４年度　関東弁護士会連合会
法曹倫理教育に関する委員会委員長
弁　護　士　　杉　山　功　郎

凡　例

1）内容現在

本書は、2022年9月1日内容現在にて執筆・編集をしています。

2）裁判例の書誌情報事項の表示

裁判例の末尾に、第一法規株式会社の判例情報データベース「D1-Law.com　判例体系」の検索項目となる判例IDを〔　〕で記載しています。

例：最判平成22・4・27刑集64巻3号233頁〔28166786〕

判例出典略語

民集	最高裁判所民事判例集
刑集	最高裁判所刑事判例集
判タ	判例タイムズ

目次

発刊のごあいさつ

凡例

第1章 総論

第1節 まずは考えてみよう …… 2

第1 はじめに …… 2

第2 倫理とは何だろう …… 3

第3 法曹とは何だろう …… 3

第4 法曹の目指すものは何だろう …… 4

第5 法の支配とは何だろう …… 5

第2節 もっと考えてみよう …… 8

第1 法の解釈と人権感覚 …… 8

第2 法曹倫理の具体的な内容について、どのような議論があっただろう …… 9

第3 どこまでが法曹なのだろう、誰までが法曹なのだろう …… 15

第4 より良い法制度を生み出すために …… 18

第5 成文の規範か不文の規範か …… 19

column 法曹の資質 …… 28

column 司法権確立の草創期のころの裁判事件① …… 32

column 司法権確立の草創期のころの裁判事件② …… 34

第2章 各論

第1節 弁護士倫理 …… 38

第1　弁護士の職務についての総論 …… 38
第2　依頼者との関係について …… 41
第3　独立性について …… 54
第4　弁護士職務基本規程について …… 56
第5　弁護士会について …… 58
設問&解題　1～15 …… 63
column　ある弁護人の懺悔 …… 103
column　エメリーボールと盤外勝負 …… 106
column　点字ブロック …… 109

第2節 裁判官倫理 …… 111

第1　裁判官の職務の特徴 …… 111
第2　「裁判上の和解」という職務 …… 119
第3　公平性について …… 120
第4　品位の保持について …… 123
第5　訴訟指揮と釈明と裁量 …… 125
設問&解題　1～6 …… 129
column　わりと最近の、アメリカのはなし …… 144
column　かなり昔の、日本のはなし …… 148
column　裁判所の電気 …… 149

第3節 検察官倫理 …… 152

第1　検察官の職務の特徴 …… 152
第2　検察官が担う「公益」とは何だろう …… 155

第 3　犯罪の捜査における検察官倫理について……159
第 4　起訴・不起訴を分かつもの……161
第 5　起訴便宜主義について……164
第 6　検察官の「独立性」について……165
第 7　公判……169
第 8　法務大臣の指揮権と検察官の人事……171
設問&解題 1〜2……176

参考文献……185
新たな司法・法曹文化の確立と良心的法曹の育成を目指して―委員会の設立目的と再審無罪事件を教材とする趣旨について……187
法曹倫理教育に関する委員会規則……195
平成 26 年度乃至令和 3 年度法曹倫理教育に関する委員会第 2 部会委員及び顧問名簿……197

第1章

総論

第1節　まずは考えてみよう

第1　はじめに

法曹を目指す皆さんへ。より良い法曹を目指す皆さんへ。

この本を手にとってご覧の皆さん。皆さんは法曹倫理について語るこの本になぜ興味をもたれたのでしょうか。

法科大学院の必修科目だから。……身も蓋もないことを言わないでください。

懲戒請求を受けないための参考に。……身につまされる話ですね。

確かに、法科大学院の必修科目になる前は、法曹倫理を学問研究の一分野として研究していた人は我が国にはあまりいなかったと思います。

法曹倫理が語られるのは法曹の不祥事が起きた時が主だったのではないでしょうか。「再発防止のため、法曹倫理の一層の強化・充実を図る」と裁判所や弁護士会の偉い人が声明を出すのをどこかで聞いたことはないでしょうか。

しかし、法曹倫理とは決して不祥事の防止策といった後ろ向きのものではありません。ただ、これまでは法曹倫理は、法曹の先輩から後輩へ、その職務に臨む姿勢や経験談等を通して伝承されるという性格が強く、体系的にその本質を追求して教育するという取組はあまりなされてこなかったように思います。

いわゆる司法改革がスタートして既に相当の年月が経ちました。法曹倫理の研究も進み、法科大学院をはじめとする教育機関も工夫を凝らして充実した法曹倫理の教育を目指しています。

我々もこの流れに掉さして、本質を追求しかつわかりやすい法曹倫理の書籍をつくろうと決意しました。どこまで狙いが実現できたかはわかりませんが、是非、最後まで目を通してください。

第2 倫理とは何だろう

「倫理」という言葉を国語辞典で引くと「人倫のみち。道徳」とあります。定義や表現はいろいろあるのでしょうが、人と人との関係をより良くするために守らなければならない決まり、という意味のことだと考えてよいでしょう。当然、職業も人と人の関係の中で成り立つものですから、職業についても倫理はあります。

古くはヒポクラテスの誓いがありますし、我が国の石田梅岩の心学は商道徳つまり商人の職業倫理を説いたものといわれています。

これらの職業倫理に共通しているのは、その職業の本質的価値（コアヴァリュー）の実現を目指そうと説いていることです。コアヴァリューとは聞き慣れない言葉かもしれませんが、なぜその職業がこの社会に存在しているのか、その職業はこの社会でどういう役割を担っているのか、と考えるとわかりやすいかもしれません。

職業ごとに具体的な職業倫理の内容は異なっていますが、職業倫理の本質は、己の職業が求められている役割を理解し、それに向かってまっすぐに進みなさい、ということではないでしょうか。

法曹も職業ですから、職業倫理としての法曹倫理は、「法曹のコアヴァリューに向かって進もう」ということになるわけですが、では法曹という職業のコアヴァリューは何でしょう。それを考える前にまず法曹とは何かを考えてみる必要があります。

第3 法曹とは何だろう

法曹というからには法に携わる職業であることは異論がないでしょうが、どこまでが法曹でどこからは法曹でないのかという線引きは実はそれほど簡単な問題ではありません。とりあえず我が国の法曹とは「裁判官、検察官及び弁護士」のことだと定義しておきます。この三者が法曹ではないという見解はないですし、皆さんが法曹と聞いて頭に浮かぶのもこの三者でしょう。伝統的にも、法曹がこの三者を指すことは自明のことでした。法曹と法曹でないものを分かつ線についてはまた後で考えてみましょう。

　このように定義しますと、いかに法に詳しくとも、法を研究する研究者や学者は法曹ではないことになりますし、法を立案制定する国会議員や地方議員も法曹ではないことになります。

　法曹の行う職務の特徴は何なのでしょうか。それについての手掛かりが裁判所法３条１項にあります。同項は裁判所の権限として「裁判所は、日本国憲法に特別の定のある場合を除いて一切の法律上の争訟を裁判し、その他法律において特に定める権限を有する」と定めています。

　ここで注目していただきたいのが「法律上の争訟」です。法律を解釈適用することによって解決できる具体的な紛争と解されています。たとえば、アインシュタインとボーアの論争はどちらが正しいのかという学術的な争いは法を解釈適用しても解決できませんから、法律上の争訟にはなりません。

　これに対して、家賃を払ってもらえないから貸家から出ていってほしい、夫と離婚したい、身に覚えのない容疑で逮捕されてしまったなどは、法律上の争訟であり、まさに法曹が担うべき職務の対象です。

　このように法曹は、具体的な紛争を、法を解釈適用することによって正しく解決することがその職務であり、したがって法の学理や真理を探求する学者や一般的な法や制度の構築を図る議員などは法曹にはなりません。

第４　法曹の目指すものは何だろう

　法曹は、法が正しいと定めた規準に則って具体的な紛争を解決し、もって法の目指すものを実現していく、ということがその職務だということがわかりました。それでは法の目指すものとは何なのでしょう。

ここでいう法とは単に国会や地方議会で制定された法令を指しているわけではありません。その内容が正しいものでなくてはいけません。

あるいは正義といってもよいかもしれません。

ここでいう正義とは、紛争解決の規準となり得るものであり、単なる価値観ではありません。価値観は多様であり得ますが、ある時点においては正義は１つです。同時に正義が複数あるのでは紛争の解決の規準たり得ません。皆が自分の信奉する価値観が正義であるといって譲らないのであれば、紛争の解決は実力あるいは端的にいって暴力に委ねられることになります。そのような社会が忌避されるべきことはいうまでもありません。

では単なる価値観を超えた正義とは何でしょう。それはまさに「人類の多年にわたる自由獲得の努力の成果であつて、これらの権利は、過去幾多の試錬に堪へ、現在及び将来の国民に対し、侵すことのできない永久の権利として信託されたもの」（憲法 97 条）、すなわち基本的人権であると考えます。そして基本的人権の保障と不可分の立憲主義や国民主権といった、憲法の基本原則も正義であるといってよいでしょう。

正義すなわち法が具現化しようとするのが基本的人権であるならば、法曹は「基本的人権を擁護し、社会正義を実現することを使命とする」（弁護士法１条）といってよいでしょう。弁護士法１条にうたわれていることはひとり弁護士のみに当てはまることではないと思います。

言い方を変えれば法曹の使命とは法の支配の実現を目指すということになると思います。これこそが法曹のコアヴァリューです。

第5　法の支配とは何だろう

このように、法は究極的には基本的人権を尊重し擁護するものですが、実際に社会生活を規律する規準としての法はもう少し日常的なもので、財貨やサービスの正しい配分を定めたり（通常それは個人に権利・義務を設定する手法をとります）、社会生活上特に許し難い行為を定め、刑罰の対象とし、その反面として刑罰の対象とならない市民の自由な領域を明らかにしたり（いわゆる罪刑法定主義）するものです。

では、多様な価値観の中からいかにして１つの価値観が選択され、正義・法としての地位を獲得するのでしょうか。我が国のような議会制民主主義及び権力分立の統治機構のもとでは、国民や住民の正当な代表である国会議員や地方議員が、国会あるいは地方議会で審議・議決した法律や条例が法令となり、その法律や条例の解釈が分かれるときは、法令解釈の権限が与えられている裁判所の判断が最終的なものとなり、裁判所の判断がない部分等については法律の研究者が議論を戦わせた結果、支配的な地位を獲得した学説（いわゆる通説）が尊重されます。

このように多様な価値観の中から、制定法、判例及び通説等によってある１つのものが法としての地位を獲得するのです。したがって、法曹が目指す法の支配とは、これらの法によって権利があるとされた者の権利が認められ、義務があるとされた者が義務を免れることがなく、法によって罪があるとされた者が罰せられ、罪なき者が罰せられることがない社会を実現することです。このような社会は、いうのは簡単ですが実現が極めて困難なことは皆さんもおわかりになるでしょう。権利を踏みにじられている者、義務を免れて平然としている者、罪を犯したのに処罰されない者は決して珍しい存在ではありません。罪を犯していないのに獄につながれている者すら絶無とは言い切れません。

このように法の支配とは見果てぬ夢なのかもしれませんが、法曹はそれを目指して少しでも前進し、日々活動することが使命といってよいでしょう。やや皮肉な言い方をすれば、法の支配が実現されていない社会だからこそ法曹が必要になるのです。

法曹は、具体的な紛争を正しく解決することで法の支配の実現を目指します。いかにも迂遠なようですが、考えてみると法の支配とは１つひとつの具体的な紛争が法に則って正しく解決される社会のことです。法曹は、法の支配の実現をまさに直接担っていることになります。そのために法曹は歩みを止めるわけにはいきません。理念と現実を一致させるための営為を日々継続することが法曹の使命でありコアヴァリューです。

第2節　もっと考えてみよう

第1　法の解釈と人権感覚

先ほど述べたとおり、法は多様な価値観の中から有権的に選択されたものを指します。いわばチャンピオンとして王座に就いたものといってもよいでしょう。しかし、このことは同時に王座に就いた瞬間から挑戦者が現れるということを意味します。議会や裁判所がある価値観を選択するとき、その背後には社会的な要因があります。したがって、法として選択された原動力となった社会的要因が変動すれば、王座を明け渡すこともあります。

かつての通説が新しい通説にとってかわられることは、それほど珍しいことではありません。時には判例も変更されます。たとえば、被相続人の預金債権は法律上当然分割されるので、原則として遺産分割の対象とならない、というのが判例でしたが、その判例は変更されました。

制定法の定めですら、まれに違憲無効として排除されます。たとえば、非嫡出子の相続分は、かつては嫡出子の２分の１と民法の明文で定められていました。この条項については、かねてから非嫡出子として生まれてくるかどうかはその子には何の責任もないことであるのに、相続分が半分とされるという不利益を責任のない子供が受けるのはおかしい、という議論がありました。

かつては、法律上の婚姻を尊重すべきであり、そのためには非嫡出子がこの程度の不利益を被るのもやむを得ないという意見が社会的な支持を獲得していたのでしょう、最高裁判所も合憲と判断していました。

しかし、その後男女の結合についての価値観が多様化し、法律上の婚姻の尊重という要素が弱くなったことからでしょう、最高裁判所は、その後判例を変更して、非嫡出子に対する容認し難い差別として違憲無効と判断し、民法の当該条文も改正されました。

さて考えていただきたいのですが、最高裁判所は上告等があって初めて審理を開始し判断します。もし、この事件の代理人が「民法の明文があるし、最高裁判所の合憲判断もあるし、非嫡出子の相続分が半分でも仕方ない」と考えて上告しなければ、今もなお、民法は以前のままだったかもしれません。この代理人をして上告までさせた原動力は何だったのでしょうか。「民法のこの定めはおかしい。正義に反している」という思いではないでしょうか。

また、その上告を受けて制定法に明文があり、合憲とする最高裁の判例もあったにもかかわらず、判例を変更して違憲無効とした最高裁の裁判官を突き動かしたのは何だったのでしょうか。この定めは、現在ではもはや許し難い差別であり、このままにすることは正義に反するという思いではなかったでしょうか。

法曹の仕事は、多くの場合、制定法や判例に精通しそれに即して判断すれば間違いはありません。しかし、時にはそれだけでは足りないこともあります。「昨日までの正義が今日は正義とはいえないことがあり得る」ということを頭のどこかにおいていれば、日々の業務を行う中で、ふと何かしらの違和感があった時に、それを無意識の世界に封殺せず、今一度根本に立ち返って考えてみようという「意識化」がなされ得るのではないでしょうか。

法曹にはこのような「気づく」ための感覚、センサーのようなものが必要です。それがいわゆる人権感覚というものではないかと思います。

第２　法曹倫理の具体的な内容について、どのような議論があっただろう

法曹倫理についてはこれまでも多くの議論がなされており、優れた文献も多数あります。それらにおいて法曹倫理の具体的な内容として挙げられているものを紹介してみましょう。

１　独立性

法曹は、法の支配の実現を使命としますから、その職務を行うにあたり、法と正義以外の要素を考慮することは避けなければなりません。しかし法曹に対して、内閣、行政官庁、議会、警察等の機関や大企業、圧力団体等の社会的な勢力から、圧力、恫喝、誘惑、懐柔など、いろいろな形で不当な影響を及ぼそうとする企てが歴史上しばしばみられました。今日でも姿を消したとはとてもいえません。法曹は、そのような圧力等に屈せず、法の支配の貫徹のため、正しく職務を遂行しなければならず、保身を図ったり、栄達を望んだりして法と正義から外れることはあってはならないのです。

いわゆる独立性は、まずは、このような法曹に共通する職業倫理の問題であります。

しかし、さまざまな不当な圧力を跳ね返すことを、ひとり法曹の精神面だけに頼るのは相当とはいえません。法曹といえども人間です。人間は弱い存在です。法曹の倫理観だけに不当な圧力からの防波堤を委ねるわけにはいきません。

そこで多くの国では法曹の独立性を担保するさまざまな法制度が設けられています。

１つの例として、我が国では、憲法 76 条３項で、いわゆる司法権の独立が保障されています。また弁護士については、弁護士の職務が国や地方自治体、ときには裁判所を相手とすることもあることから、弁護士が法務省等の行政機関や裁判所の監督に服するのは相当ではないとして、いわゆる「弁護士の自治」が認められているのも例として挙げられます。

このような制度としての独立性は、各国において、それぞれの法制度や伝統等の違いを反映しており､具体的な制度設計はさまざまです。「司法権の独立」にしても我が国では上述のとおり憲法の明文でこれが保障されていますが、そのような憲法上の保障規定をもたない国も珍しくはありません。

もっとも、いかに立派な制度を設けて独立性を担保したところで、担い手である法曹が、たとえば政府の意向や世論の動向に配慮して、自己の良心の声に耳をふさぎ、萎縮したり自主規制したりしたのでは意味がありません。

制度としての独立性は、あくまでも法曹が法と良心に従って職務を遂行するためのものであり、法曹のために正当な批判であっても隔離してくれる聖域を設けるものでは決してありません。独立性を担保する制度を活用して、安んじて己の職務にまい進することが法曹に求められているのです。

2　廉潔性

「廉潔性」とは、英米でいうintegrityに相当するものです。法曹に対する社会的な信頼を確保するために、法曹には、誠実、正直、公正等が要請されるのです。それを廉潔性と呼んでいます。

では、法曹に対する社会的信頼は、いかにすれば確保できるのでしょうか。特定の法曹個人が、誠実、正直、公正にふるまえばよいのでしょうか。もちろんそれも必要でしょう。しかしそれだけにとどまるのか、少し考えてみましょう。

裁判官や検察官が汚職をするということが廉潔性の対極に立つことは容易に理解できると思います。我が国の法制度等の研修に訪れる諸外国の実務者や学者等から「日本ではなぜ裁判官や検察官は賄賂を受け取らないのか」と真剣に質問されることがあります。そのような質問をする人たちの国では裁判官や検察官の汚職防止が重要な課題なのです。さてそのような質問を受けて何と答えてよいのか窮しないでしょうか。そもそも、そんなことは考えてみたこともないのではないでしょうか。

「裁判官や検察官が賄賂を受け取ることなど考えたこともない」とい

うのをもう少し掘り下げますと「裁判等の当事者である市民からして、裁判官や検察官に賄賂を提供することなど念頭にない」という点を指摘できるでしょう。仮に裁判官や検察官が賄賂を提供されたとしてもそれを受け取ることは万に一つもないと断言できますが、そもそも賄賂が提供される事態などなければ賄賂を受け取ってはならないという規範を想起することもないのです。したがって、質問すべきは「なぜ日本の国民は裁判官や検察官に賄賂を贈ろうとしないのか」ではないでしょうか。

国民の側からすると、特定のある裁判官は高潔な人だから賄賂などもっていっても突っ返されてしまうだろうなどと考えているわけではなく、裁判官や検察官一般に対する信頼があるということがわかります。

このような法曹一般に対する（特定の法曹個人を超えた）社会的な信頼は、どのように形成されたのでしょうか。一朝一夕の話ではなく、多年にわたり一人ひとりの法曹がその使命に則り全力を傾注してきた、その真摯な活動により社会からの信頼を勝ち得たのではないでしょうか。

江戸時代初期の京都所司代に板倉重宗という人がいますが、名裁きの逸話がいくつか残っています。その中にこういう逸話があります。重宗は審理するにあたり、灯り障子で遮って当事者の人相を見ないようにして、自己の判断が人相等でゆがまないように心掛けたということです。

逸話ですから事実かどうかは定かではありませんが、江戸時代から裁判官には一定の倫理があり、それを遵守してくれることへの信頼が、民衆の間にあったことがうかがわれます。

法曹の廉潔性に対する一般的な信頼はあたかも化石燃料のごときもので、生成されるには多くの時間を要しますが蕩尽するのは一瞬です。

今日に生きる法曹は、諸先輩方が時には体を張って職務に精励して築き上げた廉潔性に対する社会的信頼を保持し増進するために、日ごろから社会にみられていることを意識して行動することが求められているのです。

3　品位の保持

裁判官弾劾法２条２号は、裁判官の罷免の事由として「その他職務の内外を問わず、裁判官としての威信を著しく失うべき非行があつたとき」と定め、私生活上の非行も罷免の事由となることを明らかにしています。また、弁護士法 56 条１項は弁護士の懲戒の事由として「その他職務の内外を問わずその品位を失うべき非行があつたとき」と定め、やはり私生活上の非行も懲戒の事由となることを明らかにしています。検察官の場合は、裁判官や弁護士のような「私生活上の品位を失うべき非行」が懲戒の対象となる明文の規定があるわけではありませんが、同様に私生活上の品位を保持することが求められるというべきでしょう。

このことは一見奇異に映るかもしれません。法曹倫理は職業倫理だというのに、職務を離れた私生活上の行為にまで対象となるのはなぜでしょう。法曹といえども職務をきちんと果たせばよいのであって、職務を離れた私生活には市民として自由が保障されるべきではないのでしょうか。

この問題はなかなかに難しい問題だと思いますが、１つの考えとして次のような点を指摘したいと思います。先ほど述べたとおり、法曹の職務の対象は具体的な法律上の紛争です。「具体的な紛争」というのはその紛争の当事者は血肉をもった現実の人間、田中さんであったりハシムさんであったりオリベイラさんであったりすることを意味します。

現実の人間が現実に苦悩しているのが具体的紛争というものです。

鈴木さんは勤め先を理由もなく解雇されてしまい収入がなくなって苦しんでいる、佐藤さんは別れた妻が引き取った息子に会えなくて嘆いている、というわけです。時には義務を負う者も苦悩します。友人の連帯保証人になったために支払いきれない債務の支払を迫られて途方に暮れる人もいるでしょう。

具体的な紛争とはその当事者が大なり小なり苦悩しているものです。

それを適正に解決するのが法曹の職務ですが、紛争を解決することですべての当事者が満足すればともかく、解決しても一方又はときには双方の当事者に苦いものが残ることが多いのです。

法曹の職務が、このような人の苦悩を取り扱うものである以上、その職務が適正に遂行されることは当然であるとして、その職務を行う者が一般からの信頼のある者であることが求められたとしても、不当ではないでしょう。苦悩している人からすれば「何を言われたか」だけでなく「誰に言われたか」も重要なのではないでしょうか。法に基づいて職務を行う者が、自らは法を軽視したり法に抵触していたりすれば、たとえ正しく職務を行っても説得力が減殺するのではないでしょうか。そのため、法曹に対して職務を離れた私生活についても要求されることがあるのです。ただし、当然ながら法曹であろうと自由を保障されるべき私生活もあるわけで、その限度を探るのはなかなかの難問です。

４　まとめ

このように、従来法曹倫理の具体的内容として論じられてきたことは、別個独立のものではなく、いずれも法曹倫理の本質である法の支配を目指すということから導かれるものであることがわかります。独立性は「法の支配を目指すため」不当な圧力等を排除するという法曹の決意とそれを保証する制度ですし、廉潔性に対する信頼は、法の支配実現のための多年にわたる真摯な活動が沈殿したものです。品位の保持は、法の支配を目指す法曹の職務を全うするには高い品位が求められるというわけです。

つまり、法曹倫理の本質が、局面・局面で形を変えて顕現したといってもよいかもしれません。したがって法曹倫理の具体的内容は上記の３つに限られるものではなく、今後もいろいろな内容が議論されることになるかもしれません。

第3　どこまでが法曹なのだろう、誰までが法曹なのだろう

1　法曹の外延

先ほど宿題にしていた法曹の外延についてもう一度考えてみましょう。

裁判官、検察官及び弁護士が法曹であることに争いはありません。問題はそれ以外に法曹といえる存在はあるのかということです。

伝統的に、欧米諸国等では、法律の専門家の養成は、職能団体である弁護士の自治団体の手によって行われましたから、実務を行えるだけの法律の専門職がいわゆる法曹三者以外に存在することは想定されていませんでした。

今日的な意味で法曹三者の外延が問われるのは、次の２つの問題であると思われます。

2　いわゆる他士業の場合

法律の専門職として、我が国では税理士や司法書士がいるのは周知のとおりです。この人たちは法曹なのでしょうか。

法律の専門職は、その職務の公共性や高度の専門性のため、憲法の保障する職業選択の自由を制約し、当該専門職に就くこと自体を国家試験等に合格することを要件としているのが通例ですが、その専門職の守備範囲をどのように区切るかは各国の立法政策によるものです。たとえば、我が国では税理士が士業として認められていますが、税理士という職業がない国も珍しくはありません。そういった国では会計士や弁護士が我が国の税理士の職務を行っています。

したがって、一般的に弁護士以外の士業が法曹かどうかを論ずるのは生産的な議論ではなく、それぞれの根拠法令のもとでどのような職務がなされているのかをみるべきでしょう。

税理士にせよ司法書士にせよ、従前は、税務署や法務局に提出する書類の作成を行うというのが職務の中心であったと思います。これらの書類は、作成するにあたり高度の専門的な知識を要し、一般市民には困難であることも多いので税理士や司法書士に委任するというわけです。したがって、税理士や司法書士の伝統的な職務は紛争性を前提としないものだったといえるでしょう。その見地からすると法曹でないといっても的外れとまではいえなかったと思います。

しかし、現在では一定の限度ですが税理士や司法書士には訴訟代理権も認められています。したがって、その限度ではありますが、具体的な紛争の解決をその職務とするものということができます。

そこでこれらの士業については、利益相反の禁止等の規制が及び、必要な研修等もなされています。そこで部分的には法曹としての地位を有しているというべきでしょう。

もっともその場合には、弁護士と違い主務官庁の監督に服していることから、制度としての独立性が問われることになります。制度としての独立性は、独立性があるかないかという二元論で論じられるようなものでないことは先ほど述べたとおりです。弁護士でない士業に求められている職務の範囲との関係で独立性の制度設計が十分であるのかどうかが問われることになると思います。

3　いわゆる法曹有資格者の場合

たとえば、会社の法務部に勤務している会社員の中には、その会社の契約書の案文をチェックしてその法的な問題を指摘するなど、法律の専門家的な業務を行う者がいます。それらの人の中には高度な法的専門知識を有しているものも珍しくはありません。司法試験に合格し、司法修習を修了しているにもかかわらずあえて弁護士にならなかったり、弁護士であったのに登録を抹消したりして、会社員として勤務している人もいます（こういう人を法曹有資格者と呼ぶことがあります）。法曹有資格者は能力的には弁護士と同等という評価も可能でしょうし、行っている職務もいわゆる組織内弁護士と大きく変わるものではありません。

それでは法曹有資格者は「法曹」なのでしょうか。

この点、まず組織内弁護士からして会社の被用者として指揮命令を受ける立場にあるため独立性に問題があり、法曹そのものであるとはいえないという見解（したがって当然法曹有資格者は法曹ではない）もあるようです。しかし、実質的な独立性を持ち出すのであれば、たとえば一般の弁護士事務所であっても、重要な顧問先から果たして「独立」しているといえるのか、疑問な場合もあり得るでしょう。

このような議論は、法曹として独立性を含む法曹倫理の適用があるのかという問題と、法曹倫理の適用があるのを前提に十分な独立性があるのかという問題を混同するものではないかと思います。

したがって、まず組織内弁護士が法曹であることは当然と考えます。

それでは、法律の専門家としての能力的にもその職務内容からしても組織内弁護士と大差がない法曹有資格者は「法曹」なのでしょうか。

両者の違いは、端的にいえば弁護士として登録しているか否かということですが、ここから次のような違いが生まれます。

弁護士として登録しているものは、弁護士としての法曹倫理を自らに課し、もしそれに反することがあれば弁護士会から懲戒処分を受けることを承認しています。これに対し、法曹有資格者は法曹倫理を自らに引き受けてはいません。また、そもそも弁護士として登録されるにあたっては弁護士会や日本弁護士連合会（以下「日弁連」といいます）によるチェック（弁護士法 12 条等）をクリアしなければなりません。

この差は決定的であると考えます。

法曹倫理は、法曹の歴史とともに形成されてきましたが、その内容はこれまで考察してきたとおり、法曹のコアヴァリューに由来する、法曹の本質に根差したもの、したがって法曹有資格者は、たとえ部分的にせよ法曹倫理を引き受けることを制度的に担保しない限り、法曹として扱うことは一切できないということになります。

第４ より良い法制度を生み出すために

「すべて司法権は、最高裁判所及び法律の定めるところにより設置する下級裁判所に属する」（憲法 76 条１項）、「公訴は、検察官がこれを行う」（刑事訴訟法 247 条）、「弁護士又は弁護士法人でない者は、報酬を得る目的で訴訟事件、非訟事件及び審査請求、再調査の請求、再審査請求等行政庁に対する不服申立事件その他一般の法律事件に関して鑑定、代理、仲裁若しくは和解その他の法律事務を取り扱い、又はこれらの周旋をすることを業とすることができない」（弁護士法 72 条本文）と実定法に定めがあることから明らかであるとおり、法は、法律上の争訟は法曹の手によって解決されることを予定しています。そのために、法曹となる資格について国家試験に合格すること等の制約を加えて、法曹にふさわしい能力のある者が法曹となるようにしていますし、これまで論じてきたとおり、法曹には高い倫理を求めています。

しかし、もし裁判手続その他が利用しにくかったり、実効性が乏しかったりしたらどうなってしまうでしょう。紛争の解決が法曹の手をこぼれ落ち、地域の有力者などの連中の手に任されることになってしまうでしょう。そのような者による紛争の解決が適正であることなど期待すべくもないでしょう。したがって紛争解決のための訴訟その他の制度は、一般市民が利用しやすいものでなければなりませんし、一般市民が法曹にアクセスすることが困難であってはならないのです。

これらの課題は法曹のみによって解決できるものではありません。しかし、市民にとって裁判は一生に一度経験するかどうかのことであり、たとえ手続その他に不満を感じたとしても、その声が制度の改善に反映されることは期待し難いのです（新堂幸司教授も同様の指摘をされています）。このように裁判制度は、利用者の側からの「ダメ出し」は難しいですから、日頃から裁判制度を担いその問題点を肌で感じているはずの法曹こそが改善のための声を上げ、指摘をして問題を提起することが求められるというべきでしょう。

そのため、法曹は今ある制度を当然とは考えず、「利用者のために」より良い制度はないかを意識すべきです。

そのように現場から生まれた声には多くの説得力があり、やがては制度の改善等へとつながるのです。

第5　成文の規範か不文の規範か

弁護士には倫理に関して日弁連の会規である「弁護士職務基本規程」（平成 16 年 11 月 10 日制定、平成 17 年４月１日施行）があります。検察官には国家公務員倫理法という、広く国家公務員を対象とする法律のほか最高検察庁「検察の理念」（平成 23 年９月 28 日制定）があります。検察の理念の性格については議論がありますが、それまでは検察官の倫理に関して検察自身が作成した成文化されたものは（少なくとも公表されたものは）なかったことを考えると、決して軽視できるものではないと思います。裁判官については倫理に関して国家公務員倫理法以外に何か成文化されたものがあるとは寡聞にして存じません。

このように日本の場合、一口に法曹倫理といっても、比較的詳細かつ具体的な成文規範を有する弁護士と、条文の数としては 10 か条であり、内容的には抽象的な理念を述べる成文を有するにとどまる検察官と、倫理に関する独自の成分規範は存在しない裁判官と、ありようは三者三様です。

国際的にみても、法曹倫理について成文規範が存在する国もあれば存在しない国もあります。ただ、存在しないだけというよりは、成文規範というのはない方がよいと考えているがゆえに存在しないという場合もあるようです。

　このように法曹倫理の規範の形式についていろいろなあり方が存在する理由を考えてみたいと思います。

　日弁連の機関誌「自由と正義」の懲戒処分の公告の欄を読みますと、懲戒処分の理由となる非行として、「受任事務を放置した」などのよく目にする類型も多いのですが、なかにはこんな非行もあるのだと驚かされることもあり、実に多種多様な非行があるものだと感じずにはいられません。

　例えば、以下のような実例があります。

　原判決を不服として控訴した控訴人の代理人である弁護士が、控訴状において、原判決につき批判的な法律雑誌の記事を引用して控訴人の主張の正当性の根拠の１つに挙げましたが、実はその法律雑誌の記事は、控訴人の代理人である当該弁護士自身が匿名等で執筆したものであり、はじめから控訴状で引用するために法律雑誌の編集部に匿名で執筆させるよう働きかけをしたものだったのです。この弁護士は非常に実力のある高名な弁護士だったので、法律雑誌の編集部にも顔が利いたからこそできたことなのでしょうが……。懲戒請求があり弁護士会は、このような行為はフェアではないとして非行と判断しました。非行であるという判断の当否をここで論ずるつもりはありませんが、弁護士が、受任した裁判を勝つために、裁判に利用することを企図して、利害関係のない第三者が執筆したと誤解するであろう法律雑誌の判例批評をあえて執筆し、それを裁判所に提出する書面で引用するという行為に及ぶなどということは、およそ想定外であり実例もないのに事前に思い描くことは極めて困難だろうと思います。

　この例からも明らかであるとおり、成文規範で、法曹の非行のすべてをカバーする具体的な条項を設けることは不可能というべきであり、主な非行の類型を挙げることができるにすぎないと思います。

　弁護士の非行についていえば、弁護士職務基本規程では論及されていない行為であっても弁護士としての非行と判断されることはよくあることですし、また、弁護士職務基本規程制定の際に日弁連執行部が繰り返し強調したことですが、弁護士職務基本規程の具体的な条文に抵触する行為であっても当然に非行となるわけではなく、あくまでも弁護士法56条１項の弁護士としての非行にあたるかどうかを実質的に判断することになるのです。

このように、法曹倫理の場合には、成文規範といっても刑事法規と同列に考えることはできません。刑事法規の場合には、明文の法規で処罰の対象となるとされていない以上は、たとえ当罰性の強い行為であっても刑罰の対象とはしないという割り切りがあります。

しかし、法曹倫理の場合に明文の規定がないので、処分の対象とはしませんなどというのは、社会の賛同を得られるべくもないことです。

ここからわかるように、成文法規があったとしても限界があるのです。また、「べからず」的な禁止規定は、比較的、具体的な条項に落とし込みやすいのでしょうが、「かくあるべし」的な積極的な倫理規定は、どうしても抽象的なものにならざるを得ません。

刑罰法規が一般市民を対象にしているのに対し、法曹倫理は、法曹という、本来高い倫理を備えているべき者を対象にしているため、すべてを成文規範でカバーするということはそもそも想定していないというべきかもしれません。法曹倫理に関する成文規範は、当該規定により初めて規範を定める「創設的な規定」というよりは、法曹一人ひとりが内面に蔵している規範を発見する「確認的な規定」なのかもしれません。

このように考えると、不文の規範とすることにも相当の根拠があるというべきですが、では成文の規範とする意味はないのでしょうか。

そのようなことはないと考えます。

まず、たとえ抽象的な規定にせよ文章として形になっている以上は、法曹としてそれを共有することが可能になり、法曹として目指す姿につき、独りよがりな判断ではなく、一般的に目標とされていることが何であるのかについて改めて意識する機会を得ることができます。法曹倫理とは法曹という職業の倫理であり、職務を追行するあたり、いつどこで遭遇するか予測困難です。いつも法曹倫理を意識せよとはいいませんが、折々で意識する機会があることは重要であると考えます。

また、禁止されるべき事項をすべて網羅できないというのは先に述べたとおりですが、禁止されるべき主な類型を学ぶことにも大きな意味があることと思います。弁護士職務基本規程を例にすれば、そこで弁護士としてなしてはならないとされている行為は、長年の実例や議論を経て条文化された行為であり、基本中の基本として、学ぶべきものであります。しかも禁止事項の中には、よく学んでおかないと陥りやすい行為もあります。

たとえば、弁護士が経済的に苦しい依頼者に同情して金銭を貸す行為は、親切心あるいは義侠心から出た行為であることも多いでしょう。依頼者から金銭を「借りる」ことが問題があるということは理解しやすいですが、「貸す」ことについても原則として許されないことは、あらかじめ学んでいなければ必ずしも想起できないことかもしれません。このように、悪意なくして陥りやすい行為についても、成文規範を学ぶことにより回避が期待できます。

次に、不文の規範が機能し得るのは同じ職業の者同士であって、外部の者には、不文の規範があるといっても十分な理解を得ることは難しいのではないかと思います。

弁護士職務基本規程の改正が企図されたときに、改正案について弁護士会等に意見を求めるとよく出てくる意見に「このような条項を新設したら、ますます理由のない懲戒請求が増える」というものがあります。実際、理由のない懲戒請求については各弁護士会が苦労していることなので、このような意見があるのも理解できるところです。ただ、この意見からわかるように、懲戒請求をする者、その多くは弁護士等ではない一般の市民ですが、その者は懲戒請求をする手掛かりとして、弁護士職務基本規程の条項を参照していることがうかがえます。「懲戒請求の対象たる弁護士は､これこれの弁護士職務基本規程の条項に違反している｣と主張することも多いのです。

このように外部に対しては、成文規範であれば、当該職能団体がどのような規範を有し、職務遂行にあたりどのような規範によっているのか明らかにできますし、説明も容易です。一般社会に対してよって立つべき自治規範を宣明し、違反事例等の問題があれば批判を受けることも引き受けるとともに適正な処分を行い、他方で大多数の構成員が当該規範を遵守していることについての理解を得て、もって社会の信頼を勝ち得ることが期待できるのではないでしょうか。

このように考えていくと、成文規範、不文規範それぞれに理があるということができるでしょう。

成文規範の「限界」について参考になるのがアメリカで実際にあった「アルトン・ローガン事件」です。

この事件自体も非常に考えさせられる事案なのですが、それに加えて、平成 26 年に一橋大学の特任教授であった村岡啓一教授がアルトン・ローガン事件を題材に実験授業を行いました。法学部以外の学部生なども参加した授業で、当時の関東弁護士会連合会理事長や当委員会（法曹倫理教育に関する委員会）の正副委員長などが聴講を許され、授業を受けた学生たちの反応も体感しました。

以下ではそれらを紹介し、法曹倫理の成文規範のもつ思わぬ陥穽について考えてみたいと思います。

それではまず、アルトン・ローガン事件の概要を紹介いたします。以下の紹介にあたっては、村岡啓一教授が授業に使用された資料を参考にしておりますが、文責は本稿の筆者にあります。

アルトン・ローガンは 1982 年に、マクドナルド警備員殺人事件で有罪とされ、無期懲役に処せられました。しかしローガンは無実であって、真犯人は別の人物でした。真犯人のアンドリュー・ウィルソンは、別の警察官殺人事件で無期懲役となりましたが、自分の弁護人であるＡ

弁護士とＢ弁護士に対し、マクドナルド警備員殺人事件の真犯人は自分であると認めました。Ａ及びＢ弁護士はウィルソンに対し、無実の罪で収監されているローガンを解放するために真実を公表するよう説得しました。その結果、ようやく、ウィルソンは自分が死亡したら真実を公表してもよいと了承しましたので、２人の弁護士はその旨の宣誓供述書を作成し、金庫に厳重に保管しました。Ａ及びＢ弁護士は、弁護士倫理に詳しい複数の専門家に内密に事情を説明してこのような場合に弁護士の依頼者に対する守秘義務は解除されないのか意見を聴きましたが、どの専門家も守秘義務が解除される場合にはあたらないという意見でしたので、ウィルソンの同意なく真実を公表することはできないと考え、死後の公表についてウィルソンの同意を取り付けるのが精一杯だったのです。

Ａ及びＢ弁護士が服さなければならない弁護士倫理規定の守秘義務に関する規定は次のような条文でした。

ABA Model Rules of Professional Conduct

(a)　法律家は、依頼者がインフォームド・コンセントを与えた場合、代理を遂行するために開示が黙示的に認められる場合、又は(b)項により開示が許される場合を除き、依頼者の代理に関する情報を漏らしてはならない。

(b)　法律家は、以下のいずれかの目的に必要であると自己が合理的に考える限度で、依頼者の代理に関する情報を開示することができる。

(1)　合理的に確実な死又は重大な身体の傷害を防止するため。

(2)　依頼者が、他の者の金銭的利益又は財産権の重大な侵害をもたらすことが合理的に確実な犯罪又は詐欺を犯そうとしており、その助長のために依頼者が法律家の役務を利用し又は利用している場合に、それを犯すことを防止するため。

(3)　依頼者が、法律家の役務を利用して行っている犯罪又は詐欺から発生することが確実であるか、又は既に発生した、他の者の金銭的利益又は財産権の重大な侵害を防止し、軽減し、又は是正するため。
(4)　法律家自らがこの規則を遵守する目的で、法的助言を得るため。
(5)　法律家と依頼者間の紛争において自己の請求若しくは答弁を立証するため、又は自己に対する刑事告発若しくは民事請求で、依頼者が関係した行為に基づくものに対し、自己の答弁を立証するため、又は依頼者の代理に関する何らかの手続における主張に応酬するため。
(6)　他の法律又は裁判所の命令を遵守するため。

ウィルソンは2007年11月に死亡しました。A及びB弁護士は、ローガンの再審事件の弁護人に真実を連絡し、その結果、ローガンは2008年4月に再審無罪となり26年間の服役後にようやく釈放されました。なおABA Model Rulesの(b)項の(1)ですが、「仮にローガンに死刑が言渡されていたら『合理的に確実な死』を防止するため、に該当するのだが無期懲役であるため該当しない、というのがABAの専門家の見解であった」と村岡教授から聴講者に紹介がありました。

聴講者は、みな、無実の者が獄中につながれていることを知りながら弁護士が26年間も沈黙していた、弁護士がそのような行いをせざるを得なかった理由が「弁護士倫理」にあった、という何とも皮肉で、かつ、とても予想し難い事態が現実にあったことを知り衝撃を受けていたようでした。村岡教授の巧みな問いかけに応じて教室からは次々と意見が出されました。弁護士たちが沈黙していたことを肯定的に評価する意見はほとんどなかったように思います。教室での意見は、次第に、弁護士が真実を公表すること（これは守秘義務に少なくとも形式的には違反する行為です）をいかに正当化するかに集中していきました。

その中で多く出された意見は、ABA Model Rules の(b)項の(1)の「重大な身体の傷害」に無期懲役はあたるのではないかという意見でした。死亡するまで身体が拘束されるのは「重大な身体の傷害」に他ならないのではないか、という意見です。

確かに、ローガン事件で妥当な解決を得ようとすれば、そのような考えをもつのは理解できます。真実の公表もできますし、弁護士倫理規定にも抵触しません。しかし、この問題、そこが本質でしょうか。無期懲役ではなく懲役 10 年ならどうなるのでしょうか？懲役１年では？懲役期間の長短で答えが変わるべき問題でしょうか？そもそも無実の者は１日であっても獄につながれてはいけないのではないでしょうか？

議論を聴いていた他学部の聴講生からこんな意見が出ました。

「どうして法学部の人は条文の解釈ばかり論ずるのですか？」

成文規範を前にすれば、法律家としてそれを決して軽んずることなく検討し、さまざまな解釈や先例を調べるのは当然です。それは否定的に論じられるべきことではありません。しかし、条文の解釈のみに頭がいって本質を見失っては本末転倒というべきでしょう。ましてや弁護士倫理は、規制の対象があまりに広範かつ事前の想定が困難であることから、決して網羅的な規定ではあり得ないことは先に述べたとおりです。よく知らない外国の規定につきあれこれ論じるのは不遜ですが、法曹倫理の本質に洋の東西はないと思います。

弁護士倫理の規定に直面してその解釈のみで思考を止めることなく、本質に即して考察することが必要な場合もあるのではないでしょうか。アルトン・ローガン事件についていえば、依頼者に対する守秘義務という極めて重要な弁護士の義務に反してまで、自分の依頼者ではないものの、無実の罪で獄中につながれている者を解放するために行動することが弁護士として求められるのか、求められるとまではいえないが解放のために動いたことは否定的に評価できないということなのか、あるいはそれ以外の考え方が相当なのか。それが本質的な問題ではないでしょうか。

決して簡単な問題ではないにせよ、本質に迫る考察であればより説得力のある結論が期待できるのではないでしょうか。本書は単に条文の解釈のみでは片付かないときに帰るべき法曹倫理の原点・本質を考えていきたいと思いますのでお付き合いください。

なお、アルトン・ローガン事件については、第２章「第１節　弁護士倫理」でまた論じることにいたします。

column 法曹の資質

法学部に入って民法でまず学んだのが総則で、総則ではじめに学んだのが権利能力だった。

正直いって権利能力のことがよくわからなかった。いやもちろんわかりますよ、権利義務が帰属し得る資格のことでしょ。それで？

権利能力の次に学んだ意思能力や行為能力はよくわかった。意思能力がないとはどういうことか、行為能力が制限されるとどうなるのか。そのときは何がわからないのかすらわからなかったが、今考えると「出生により当然に取得し、喪失することも制限されることもない」権利能力に対して、なぜこの概念が必要なのかわからなかったのだと思う。「能力」って喪失したり制限されたりしてからが議論の本番じゃないの？

換言すれば権利能力がない状態を想像できなかったのだ。

権利能力がわからないまま大学を卒業し権利能力がわからないまま法律家になった。汗顔の至りである。そのうちにそんな疑問をもったことすら忘れてしまった。

時は流れ 2003 年４月７日。この日は鉄腕アトムの誕生日ということでちょっとしたリバイバルブームがあり鉄腕アトムのテレビアニメの第１話が特番で放送された（いきなり何の話かと思われるだろうが権利能力の話は回収するのでしばらくお付き合いいただきたい）。

名作鉄腕アトムもご存知ない方が増えたであろうから、読者諸賢のために第１話の梗概を述べたい。

天才科学者にして科学省長官の天馬博士《てんまはかせ》。天馬博士には愛息の飛雄《とびお》がいた。しかし不慮の事故により飛雄は夭折してしまう。小さな亡骸を抱きしめる天馬博士。やがてその目に狂気が宿る……。天馬博士は科学の力で喪われた飛雄を取り戻そうというのだ。科学省の総力を挙げてかつてない高性能にして飛雄に瓜二つのロボットの開発が進められた。そして。運命交響曲がBGMで流れる中、天馬博士は起動の操作をした。少年型ロボットはゆっくり目を開いて初めての言葉をささやく。「お・と・う・さ・ん」。天馬博士はその名を呼ぶ。もちろん「飛雄」と。

以下ではロボットの飛雄は「トビオ」と表記する。

トビオは天馬博士の家に引き取られて息子として愛情に包まれていた。豪華な食事をともにして美味しいかいと尋ねる天馬博士。トビオは美味しいよと明るく答える。しかし１人になったトビオはうつむきながら胸の扉を開け、さっき口にしたご馳走を捨てねばならない。ロボットだから……。

天馬博士もトビオは飛雄ではなく、飛雄は永遠に失われたことは頭ではわかっていただろう。しばらくの間はトビオを飛雄だとして自分を偽ることができたがやがて限界が来た。少年なのに一向に成長しないトビオの姿は、トビオがロボットである事実を天馬博士に突きつける。絶望した天馬博士はトビオを憎むことしかできない。お前は息子なんかじゃないと叫んでトビオをサーカス団に叩き売ってしまう。サーカス団長のハム・エッグはもうトビオではないと新しい名前を与える、アトムと。

ここまでが前半だ。まずい、アトムの話をしている方が楽しくなってしまった。もう一度集中。

アトムはその10万馬力でさまざまな出し物をこなしサーカスの人気者になる。しかしより強い刺激が求められるのが世の常。サーカス団に来て友達になった愛らしい姿のロボットが異形の怪物ロボットに改造されてアトムと対決させられる。自分が破壊した友の残骸を見て悲しむアトム。ハム・エッグに抗議するが、罰が与えられるだけという悲惨な状況。

アトムを売り渡した後に失踪した天馬博士の後任として科学省長官に就任したお茶《ちゃ》の水博《みずはか》士《せ》がここで登場。ハム・エッグにアトムに対する振る舞いを改めるよう迫るが「アトムは自分が買った自分の物だ。自分の物をどうしようと勝手だ」と言われてしまう。譲渡契約に不備がない以上引き下がるしかない。お茶の水博士は無念の表情で退席する。

ここまで懐かしく見ていたが、自分でも忘れていた古い疑問が意識に浮上してきた。

アトムはなぜこの状況から救われないのか。ハム・エッグが言うとおり、彼の所有物だからだ。アトムは「物」だから何の請求権ももち得ない。売られたり捨てられたり壊されたりしても、救済を求めるすべがない。

頭の中で声がした。

もし権利能力がなければ権利の主体とはなり得ず権利の客体となるだけ。それは「物」であることにほかならない。今のアトムのように。

人間は物であってはならない。人間は人間として生まれてきた、ただそれだけの理由で人間として扱われなければならない。生きている限り。

そうか、基本的人権だ。権利能力とは、基本的人権から私法の平面に下ろした垂線の足だったのだ。喪失したり制限されたりしないことが権利能力の権利能力たるゆえんなのだ。法学部入学から幾星霜、ようやく自分の中で納得を得た。出来が悪いこと。

サーカスの出し物の最中に心ない観客が投げ入れた瓶がもとで会場に火災が発生する。逃げ惑う観衆を救うアトムだがハム・エッグの姿が見えないことに気がつく。耳の力を 1000 倍にして（七つの威力！）助けを求める弱々しい声を聴き、業火に飛び込んで瀕死のハム・エッグを救い出す。場面変わって病院のベッドで目覚めたハム・エッグ。枕元にはお茶の水博士が立っている。お茶の水博士は猛火の中から君を救ったのはアトムだと告げ、アトムを解放してはどうかと勧める。

子供のころこの場面を見たとき、ハム・エッグは命を救われたことでアトムに感謝しアトムを解放するのだろうと思ったことを思い出した。

今ならわかる。ハム・エッグが改心してもアトムは救われるかもしれないが、同じような悲惨な状況にあるロボットたちはどうなる？　ロボット「たち」を広く救済するためにはどうしたらいい？　続きをみてみよう。

ハム・エッグは「命を救われたからなんだっていうんだ。自分の持ち物になんで感謝しなければならないんだ」と言い放つ。しかしお茶の水博士には今度は余裕があった。「わかってもらえないのか。かわいそうな男だ。それでは君がベッドの上で昏睡している間に世の中がどう変わったか見るがよい」と言ってテレビのスイッチをつけた。テレビ画面の中では興奮したアナウンサーが臨時ニュースを伝えている。

「ついに『ロボット法』が成立しました。これからはロボットたちも人間と同じに扱われます！」

テレビ画面は街頭に繰り出して歓喜を爆発させる無数のロボットたちを映し出す。

そのうちの「１人」のロボットが掲げている小さなプラカードに目が引きつけられた。「人権宣言」と書かれていた。

手塚治虫は医師免許をもつ医学博士であることは有名だが、法曹の資質も十分備えていたようである。

column 司法権確立の草創期のころの裁判事件①

―裁判の良心と気概　明治６年小野組転籍事件の顚末―

明治６年５月 27 日、「地方官が人民の権利を妨げたときは裁判所に救済を訴えることが出来る」という司法省達 46 号（明治５年 11 月）に基づいて、日本で最初の行政訴訟が提起された。原告は京都の豪商小野組を采配する小野善助ほか２名、被告は京都府、裁判所は設置されて間もない京都裁判所（明治５年 10 月に設置）である。

小野組は江戸時代以来、三井家、島田家と肩を並べる豪商で、明治新政府の為替方を務めていたが、商売の拠点が東京、神戸に移るとともに、営業上の都合から代表者個人の東京転籍を京都府に願い出た（明治４年７月太政官布告により居住移転の自由、同年戸籍法制定）。

しかし、京都府は、当時、小野組から租税のほかに高額の貢納金を徴収しており、これを失うことをおそれ、種々難癖をつけてこれに応じないどころか、小野善助らを白州に呼び出し、転籍の断念を強要した。困った小野組は、上記司法省達 46 号があることを知り、京都府に対し転籍受理を求めて京都裁判所に提訴した。

ところが、京都府は、「裁判は行政の権限に口出しはできない」との態度で、内容のある答弁書を提出しなかった。

京都裁判所所長の北畠治房は司法省内改革派から送り込まれた人物で、明治６年６月 15 日、小野組の訴えを認め、京都府に対して、「至急送籍」（転籍手続命令）の判決を下した。

京都府がこの判決に応じないので、裁判所は京都府に対し「判決に不服があるなら上告せよ。さもなくば判決に従うべし」と通告したが、京都府はこれも無視し、上告もせず、転籍手続もしなかった。

京都裁判所は、京都府知事と参事が違式罪（法廷侮辱罪）にあたると判断し、同年７月末、２名に罰金刑を課した。

しかし、京都府側は罰金の納入にも応じなかったことから、北畠所長は、京都府知事と参事の２名の逮捕を中央政府に進達した。

京都府の最高実力者である参事の槇村正直（長州出身）は同年 10 月 17 日逮捕された。

ところが、偶然にも勾留中に政府内で、明治６年政変（朝鮮使節派遣問題、いわゆる「征韓論政変」）が起こり、司法部の頂点にいた改革派の前司法卿江藤新平が下野した 10 月 25 日の当日に、槇村は釈放された。木戸孝允を頂点とする長州閥の巻き返しによるものと推測された。

司法省内の江藤の流れを受け継ぐ改革派の圧力は強く残り、京都府側はついに折れて、小野組の転籍手続は、翌明治７年に実現した。

この事件には、専横を極める地方行政権から裁判を分離独立させる闘い、汚職がはびこる長州閥政治家と司法省改革派との対立、などさまざまな対立構造が見え隠れしている。

(毛利敏彦『明治六年政変』中央公論社（1979 年)、同『江藤新平ー急進的改革者の悲劇〈増訂版〉』中央公論社（1987 年)、笠原英彦「明治６年・小野組転籍事件の一考察」法学研究 58 巻 12 号（1985 年）など)

column 司法権確立の草創期のころの裁判事件②

―裁判の良心と気概　明治5年マリア・ルス号事件の顚末と対ロシア外交との関係―

明治5年6月4日、南米ペルー船籍の帆船「マリア・ルス号」（以下、「マリア号」という）が修理のために横浜港に立ち寄った。船内にはマカオからペルーに輸送する清国人労務者231名が収容されていた。数日後、清国人の1人が脱走して海に飛び込み、港内で停泊していた英国軍艦に救助された。これがきっかけとなってマリア号船内での清国人虐待が明るみとなり、英国はマリア号を「奴隷運搬船」と判断し、駐日英国大使から明治政府（外務卿副島種臣）に救済を要請した。

副島は、司法卿江藤新平に相談したが、江藤は「公海上の外国船内での事件に日本の法権は及ばない」として、訴追に消極的だった。そこで副島は、神奈川県権令大江卓を裁判長として県庁に特設の法廷を開かせた。

大江は、土佐藩出身で、維新前は中岡慎太郎の陸援隊に参加、維新後、明治新政府に出仕し、神戸外国事務所に勤務し外交問題の処理や国際法、フランス革命の研究にも通じ、同志の神奈川県令陸奥宗光にスカウトされて同権令に就任し、当時、若干25歳であった。晩年には被差別部落民解放の提唱者として知られる人権感覚に優れた硬骨漢であった。

裁判長として大江は、ペルー側の反論を斥け、清国人との労務契約が人道に反するとして、彼らの解放を命じ、これの実施を条件として、船長は無罪とした（第1事件刑事裁判）。

これに対して船長は、清国人に対し移民契約履行請求（船に戻れ）の訴訟を起こした。

しかし、日本政府は領事に臨席を求めることなく、2度目の法廷を開き、「移民契約の内容は奴隷契約であり、人道に反するものであるから無効である」として請求を却下した（第２事件民事裁判）。

一度目の裁判のなかで、船長側弁護人（イギリス人弁護士）は、「仮にこの船が奴隷船として奴隷を乗せているとしても、マカオ及び清国海上で行われた犯罪は日本政府の所轄ではない。仮に横浜港内の行為に裁判権があるとしても、日本でも遊女売買の実情が多数あり容認しているので、日本法に照らして違法とはいえないのではないか」との鋭い反論をしたので、日本政府の立場は苦しくなった。

大江裁判長は、「日本国内で遊女売買など事実上の奴隷制度が認められているとしても、日本国外への移出は禁止しているから、清国人を横浜港から国外に移送しようとすることは違法である」との苦しい理由づけで、労務者解放の判決を下したのである。

この事件が引き起こした衝撃は重大であった。

１つは、行政権（外務卿）が誕生間もない司法の頭越しに地方官に特設裁判を実施させたことである。

もう１つは、芸娼妓解放令（明治５年 10 月太政官布告 295 号、司法省達 22 号）の発令につながったことである。

当時、諸外国との間で条約改正問題を抱え、野蛮な人身売買制度が存在していることを裁判で諸外国に暴露された明治政府の衝撃は大きく、大江の進言により司法省が動き、人身売買禁止が実現したのである。

他方で、この事件が、明治初年ごろの日本の近隣外交関係に好ましい展開を与えたことも注目される。

裁判によって清国人は解放され、同年９月に本国に帰国したことにより、清国政府は大江、副島をはじめとする日本の友情的行動への謝意を表明している。

この事件の前後におけるロシアとの外交関係の好転も、大変興味深い。

ペルー政府は、翌明治６年２月、改めてこの問題について日本政府に謝罪と損害賠償を要求してきた。この両国間の紛争解決のためにロシア帝国による国際仲裁裁判が開催されることになった。ロシア皇帝（アレクサンドル2世）によりサンクトペテルブルクで開かれた国際仲裁裁判には、日本側代表として全権公使の榎本武揚が出席。明治8年6月に法廷は「日本側の措置は、日本の領海内での違法行為を処罰したもので国際法に違反せず妥当である」とする判決を出し、ペルー側の要求を斥けた。

ロシア皇帝アレクサンドル2世は、その直前、封建的な帝政ロシアで国内に農奴解放令（1861年）を出している。同様の事例に対して人道的な見地から、判決内容を主導したとみられる。

さらに日露間では、マリア号事件の仲裁判決が出る直前の明治8年5月に樺太千島交換条約が締結された。同条約は、仲裁裁判と同時進行で行われていた日露間の平和的な領土交渉の帰結であり、ロシア側から「全千島の引渡し」という大きな譲歩を得たものであった。

その後の為政者による戦争での北方領土の得喪と現状でのその回復の困難さを思うとき、明治開国直後の平和外交力と気概に感銘を受ける。

また、人権を尊重する司法の良心が国際的な信用につながることがあることも肝に銘じたい。

(毛利敏彦『明治六年政変』中央公論社（1979年)、同『江藤新平ー急進的改革者の悲劇〈増訂版〉』中央公論社（1987年)、醍醐龍馬「マリア・ルス号事件をめぐる国際仲裁裁判－日本初勝訴への道」まちかね法政ジャーナル2号（2012年）など）

第2章

各論

第1節　弁護士倫理

第1　弁護士の職務についての総論

法曹三者に共通する法曹倫理について第１章で検討してきましたが、本章では法曹三者ごとに特有の法曹倫理を検討していきましょう。

法曹倫理も職業倫理の１つですから、同じ法曹でもその担う職務が異なれば、課せられる倫理に差異が出てくるのは当然です。そこでまず法曹三者すなわち、弁護士、裁判官、検察官それぞれの職務の特性を考察して、それからその倫理について考えていきましょう。

弁護士の職務の特徴はどのようなものか、まずは弁護士法の条文からみていきましょう。

> 第３条（弁護士の職務）
> 第１項
> 　弁護士は、当事者その他関係人の依頼又は官公署の委嘱によつて、訴訟事件、非訟事件及び審査請求、再調査の請求、再審査請求等行政庁に対する不服申立事件に関する行為その他一般の法律事務を行うことを職務とする。
> 第２項
> 　弁護士は、当然、弁理士及び税理士の事務を行うことができる。

弁護士法３条１項に述べられているように、弁護士は「一般の法律事務を行うことを職務」としています。同条の沿革をたどりますと、近代法を継受して以降の最初の弁護士制度に関する法令である代言人規則や、明治 26 年３月４日法律７号の弁護士法（いわゆる旧々弁護士法）では、専ら裁判所における活動に職務が限定されていましたが、昭和８年５月１日に改正（法律 53 号）された弁護士法（いわゆる旧弁護士法）

によって一般の法律事務まで職務の範囲が拡張されました。戦後の昭和24年6月10日法律205号の現行弁護士法も職務の範囲については旧弁護士法を踏襲しました。

今日でも、関係者から依頼を受けて行う民事事件での訴訟代理人、家事事件での手続代理人及び刑事事件での弁護人としての活動など、裁判所等での活動（行政処分に対する不服申立ての申立代理人のように、行政庁での活動など、裁判所以外での活動もあります）が弁護士の職務の重要な部分を占めているといってよいでしょう。しかし、現在の弁護士は、交渉等の訴訟外での活動も多く行っています。また、締結前の契約書案の条項の検討や契約書の起案など、紛争の発生を未然に防止することを重要な目的とする活動も行っています（いわゆる「予防法学」）。さらには、社外監査役のように、必ずしも法律の専門家でなくても可能な職務（実際にも社外監査役は弁護士でない人物もしばしば選任されています）にも弁護士が選任されることが珍しくなく、弁護士の職域に含まれるに至っていると評価できるでしょう。

このように、拡張する弁護士の職務にどのような共通項を見い出すことができるのでしょうか。

その手掛かりになるのが、弁護士法１条ではないでしょうか。

> 第１条（弁護士の使命）
> 第１項
> 　弁護士は、基本的人権を擁護し、社会正義を実現することを使命とする。
> 第２項
> 　弁護士は、前項の使命に基き、誠実にその職務を行い、社会秩序の維持及び法律制度の改善に努力しなければならない。

第１章でも述べましたが、法曹という職業の核心は法の支配の実現を目指すことです。弁護士法１条は弁護士についてそのことを表現したものと理解することもできるでしょう。弁護士は、個別の紛争をその紛争当事者等から依頼を受けて法に従った適正な解決に導くように活動し、もって法の支配の実現を目指しますが、必ずしも個別の紛争を前提とせず、また、特定の依頼者等の存在を前提としない分野においても、法の支配が社会の隅々までいきわたるように活動をすることもその使命というべきでしょう。このような使命からすれば、弁護士法２条の定めは必然ともいえるでしょう。

> 第２条（弁護士の職責の根本基準）
> 　弁護士は、常に、深い教養の保持と高い品性の陶やに努め、法令及び法律事務に精通しなければならない。

２条の後半は、法律の専門家を名乗る以上、当然のことというべきですが、前半は、弁護士が単なる法律の専門的知識を有する者にとどまるものではなく、「法曹」としての職業倫理を備えることを求めるものだと解するべきではないかと考えます。

弁護士は、高い倫理を備えている者であることが期待できる存在だからこそ、たとえば社外監査役のように、法律の専門家でなくても可能な役職に弁護士が求められるのではないでしょうか。弁護士の職務は、弁護士倫理に裏付けられているからこそ社会からも評価され、社会からの需要があるということを忘れてはならないと思います。逆にいえば、法曹倫理を欠く弁護士は、弁護士の職務の基盤を掘り崩しているといってよいでしょう。

残念な話ですがその例を挙げてみます。現在では、被疑者国選弁護人が弁護報酬を請求する際には日本司法支援センター（いわゆる「法テラス」）に対し、接見資料を提出する必要があります。この接見資料ですが、被疑者国選弁護人として警察署に赴いて接見する際に、警察署から提供される「接見資料」の用紙の上に、接見の際に記載する面会簿を重ねて記載することで、接見した被疑者の氏名や接見の日時、場所等が面会簿の記載のとおり接見資料に複写される仕組みになっています。

もともと、被疑者国選弁護制度が開始した当初はこのような接見資料は存在しませんでした。法テラスが決定する被疑者国選弁護報酬は、接見回数を算定の基準にしていたため、接見回数が多ければ被疑者国選弁護報酬もそれに応じて大きくなる関係にありました。

ところが、ある弁護士が実際に接見に行った回数よりも水増しして法テラスに報告し、本来受けるべき弁護士報酬よりも多額の報酬を得ていた不正が発覚しました。そのため、接見の事実を証明させる必要が生じ、面会簿を複写させる接見資料が導入されたのです。

このように一部の弁護士の不祥事が弁護士全体の事務処理の煩雑化をもたらしたわけです。法テラスの経費が増加し、弁護士の信用が低下したことは論ずるまでもないことです。

弁護士という職業に対する信頼は、個々の弁護士が築き上げてきた信頼の集積です。したがって、個々の弁護士の信用失墜行為が集積すれば、弁護士という職業全体に対する信頼が損なわれることを肝に銘じていただきたいと思います。

第2　依頼者との関係について

1　弁護士の職務と依頼者

弁護士の職務には、依頼者が存在しないものもあることは上記のとおりですが、依頼を受けて行う法律事務が弁護士の重要な職務であることはいうまでもありません。弁護士及び弁護士法人でない者が、訴訟事件等を報酬を得る目的で業とすることは禁じられており、この禁止に反したものは刑事罰を受けることもあります（弁護士法72条、77条）。訴訟事件等は、原則として弁護士でなくては行うことができない職務ですから、これが弁護士の重要な業務であることは論をまたないでしょう。

さて、裁判官や検察官と弁護士との大きな違いも「依頼者」の存在が挙げられます。

裁判官や検察官には依頼者は存在せず、紛争の局外に立つ第三者であることによって判断者として純化したり（裁判官)、時に被害者の思いを代弁する役割を担いながらも、その本質は「公益の代表者」であったり（検察官）するのに対して、弁護士はまさに当事者の権利及び正当な利益を実現するよう努めるのです（弁護士職務基本規程 21 条)。弁護士の倫理を考えるうえで依頼者との関係の考察を外すことはできません。

弁護士と依頼者の関係の基本は、委任契約による関係とみることができます（国選弁護人の場合には被疑者あるいは被告人と弁護人たる弁護士の間に直接の委任契約があるわけではありませんが、弁護人たる弁護士は被疑者あるいは被告人に対し委任契約上の義務とほぼ同様の義務を負うと考えるべきでしょう)。

したがって、弁護士は依頼者に対し善管注意義務を負っています。委任契約上の善管注意義務と弁護士法１条２項の誠実義務の関係については諸説ありますが、その帰結するところには大きな違いがないように思います。依頼者に対して、報告をすべき義務があることや、受任した事務を放置することが許されないのは当然でしょう。また、弁護士が、ある依頼者の正当な利益のために全力を尽くすことにより他の依頼者の正当な利益を損なうことになるとすれば、弁護士としての義務が衝突してしまうので、複数の依頼者の間の利益が相反する職務を行えないことも当然でしょう。

弁護士法 25 条や弁護士職務基本規程 27 条、28 条は弁護士が職務を行えない事件に関し、詳細な定めをおいていますが、その根底にあるのは弁護士が依頼者に対し負う善管注意義務あるいは誠実義務です。

２　依頼者の「権利及び正当な利益」

弁護士が「実現」に努めるのは依頼者の「権利及び正当な利益」です。依頼者から要求があっても、それが不当な要求であれば従う必要はありません。たとえば、勾留中の被疑者に接見したときに、被疑者から罪証隠滅を求める伝言を関係者にすることを求められたら、弁護士として拒否すべきであることは容易に理解できるでしょう。

では、「権利及び正当な利益」とは、依頼者に実定法上認められた権利や法的な利益のことを指すのでしょうか。もちろん、何が依頼者の「権利及び正当な利益」であるかを考えるにあたって、実定法や判例等を考慮すべきは当然ですが、実定法等で認められていないからといって当然に「権利及び正当な利益」にあたらないということはできないと思います。第１章でも例に挙げましたが、かつて民法の明文の規定で非嫡出子の相続分が嫡出子の２分の１と定められ（平成 25 年 12 月 11 日法律 94 号改正前民法 900 条４号ただし書）、判例上も当該法令は憲法に違反しないというものであった（最決平成７・７・５民集 49 巻７号 1789 頁〔27827501〕）ときに、ある代理人の弁護士が、非嫡出子たる依頼者の相続分が嫡出子と同じであると主張し、最高裁判所まで争ったために最高裁判所は判例を変更して当該条項を違憲と判断しました（最決平成 25・９・４民集 67 巻６号 1320 頁〔28212731〕）。その後民法も改正され、嫡出子と非嫡出子の相続分は同じになりました（平成 25 年 12 月５日改正）。この代理人の弁護士は、まさに依頼者の「権利及び正当な利益」を実現させたのです。このように、制定法、判例、通説等により、その時点での支配的な地位を占めている法の解釈等（第１章ではそれを「正義」と呼びました）は法律の専門家として精通することが求められますが、依頼者と接することによってその実態を目の当たりにし、従前の「正義」がもはや正義とはいえないことを具体的な現実として実感するのであれば、困難なミッションでしょうが、新たな正義を打ち立てるべく活動すべきでしょう。

従前の正義を正義ならしめていた社会的な要因の変動に気づくことができるのは、誰でしょうか。市井の人である依頼者と身近に接し、その苦悩や喜びのリアルな実態を見聞きする弁護士に最もそのチャンスがあるのではないでしょうか。「神は細部に宿る」などと申します。抽象的な理念よりも具体的な事実、ありのままの実態を剔抉することが大きな説得力を有するのではないでしょうか。

桐一葉が落ちるのを「見て」天下の秋に「気づいた」のであれば、その思いのたけを準備書面に込めましょう。その準備書面で裁判所をして共感させましょう。「新しい正義は準備書面から生まれる」といってもあながちこじつけではないと思います。

そして、実定法の解釈の枠内ではどうしても限界があると感じたときは、実態を社会に訴えることで法改正の気運を醸成することも考えるべきなのでしょう。

弁護士法１条２項で「法律制度の改善に努力しなければならない」と定められていることも指摘しておきます。

3　弁護士職務基本規程について

委任契約と弁護士職務基本規程との関係について、別の方向から考えてみましょう。

⑴　弁護士職務基本規程等の遵守

弁護士職務基本規程は、平成 16 年 11 月 10 日制定の日弁連の会規の１つです。弁護士法 22 条により、弁護士は日弁連の「会則」を守らなければならないとされ、日弁連会則 29 条１項は、弁護士は日弁連の会則のみならず「会規及び規則」も守らなければならないと定めていますから、日弁連の会規たる弁護士職務基本規程を弁護士が遵守しなければならないことは（そもそも弁護士倫理を成文化したという弁護士職務基本規程の性質からみて遵守すべきは当然ですが)、法令上もその義務が明記されているわけです。

以上のように、「弁護士は」弁護士職務基本規程を遵守しなければなりませんが、依頼者は弁護士職務基本規程に拘束されるわけではもちろんありません。依頼者と弁護士は、委任契約関係にありますから、両者の間には、委任契約による権利義務があることになります。弁護士が弁護士職務基本規程を遵守すべきであることの意味ですが、弁護士職務基本規程の内容が、直接に依頼者との間の権利義務となるというよりは、委任契約上の権利義務の内実として解釈されることにより、間接的に依頼者との関係を規律するというべきでしょう。

たとえば、民法 645 条は受任者の報告義務を定めていますが、同条は、受任者（弁護士）は、委任者（依頼者）の「請求があるときは、いつでも」報告しなければならないとされているにとどまります。しかし、弁護士職務基本規程 36 条は、弁護士は、「必要に応じ」依頼者に対して報告しなければならないとされています。弁護士と依頼者との委任契約上の報告義務の内容・程度等は、弁護士職務基本規程 36 条の内容も踏まえて解釈されるべきでしょう。そのため、弁護士は依頼者に対して、依頼者からの請求がなくても必要があるときは報告すべき、委任契約上の義務を負っているというべきでしょう。

また、弁護士職務基本規程 30 条１項は弁護士に委任契約書の作成を義務付けています。民法上は、委任契約締結にあたり委任契約書を作成することを求めているわけではありません。しかし、弁護士職務基本規程 30 条１項の委任契約書作成義務は、受任者の善管注意義務のひとつの内容となると解すべきであり、したがって、委任者（依頼者）は受任者（弁護士）に対して委任契約書の作成を請求できると解すべきでしょう。もちろん、依頼者から請求される前に、弁護士の方から委任契約書を準備して作成を依頼者に求めるべきは当然のことです。

⑵　弁護士職務基本規程等が委任契約に与える影響

弁護士職務基本規程等が、委任契約に対してどのような影響を与えるか、もう少しみてみましょう。

弁護士との委任契約も契約ですから、契約自由の原則があります。

①　契約締結の自由

契約自由の内容として、契約するか否かを強制されないという、契約締結の自由があります。このことは弁護士にも基本的に当てはまり、弁護士は受任を依頼されてもそれを拒否することができます。拒否の自由があるからこそ、受任を求められたときは速やかに受任の諾否を通知しなければならないと定められているわけです（弁護士職務基本規程 34 条）。一部の弁護士会では、当番弁護に出動して、接見した被疑者から弁護人への選任を希望されたときは、受任を拒否する正当な理由がない限り、受任しなければならないと定めています。このように、例外的な受任義務は個別に会規等で課しています。なお、例外的に受任義務が会規等で課された場合でも、依頼をした者が当該弁護士に対して委任契約締結請求権を有するわけではないと考えます。

他方で、弁護士職務基本規程で職務を行い得ない事件として定められている事件については、受任しようと思ってもしてはいけません。

②　契約相手選択の自由

契約自由の内容として、契約相手選択の自由があります。依頼者がどの弁護士に依頼するのかは依頼者の自由ですから、弁護士との間の委任契約においても、契約相手選択の自由があることは容易に理解できますが、弁護士サイドでは、事件とその依頼者は分かち難く関連していますから、事件を受任することは決めたが誰から受任するかは決まっていないという状況はそうそうあるものではありません。消費者事件等で、同じ悪質業者の被害者が複数いる場合に、弁護士の事務処理能力の限界等の理由で委任希望者の全員から受任することができないような事例を想定しますと、弁護士の側でも受任する相手を選択できるというべきでしょう。このように、契約相手選択の自由があるわけですが、もしも選択の基準が人権侵害的で社会的に相当でない基準であると認められるようなときには、問題となるように思います。幸いにしてまだそのような実例を耳にしたことはありませんが……。

③　契約内容の自由

契約自由の内容として、契約内容の自由があります。

委任契約の主な目的は、受任する法律事務及び弁護士報酬を特定することです。相手方や請求内容等により処理すべき法的紛争が特定できたとしても、それを処理するのに任意の交渉を行うのか、民事訴訟の提起をするのかや、訴訟を提起するとして第１審限りなのか上訴審も受任の対象なのか、保全や執行は含まれるのかなどといったことは当事者の話合いで決定することができます。

弁護士報酬にしても当事者の話合いで決定することができます。

弁護士報酬について少しこれまでの経緯を紹介します。

平成 15 年７月 25 日法律 128 号改正前の弁護士法 33 条２項８号には、弁護士会の会則の必要的記載事項として「弁護士の報酬に関する標準を示す規定」が挙げられていました。同号に基づき各弁護士会では弁護士報酬に関する標準を示す規定を設けていました。一例を挙げると東京弁護士会は「弁護士報酬会規」を設け、その中で民事事件については、着手金は事件等の対象の経済的利益の額を基準として、経済的利益が 300 万円以下の部分はその８％とするなど、具体的な標準を定めていました。弁護士会の報酬会規の標準額どおりに弁護士報酬を定めていた弁護士も多かったと思います。弁護士に委任しようする者が、弁護士報酬を予測しやすくするために、このような弁護士報酬会規が定められていたのですが、司法改革の中で弁護士会の定める標準規定が弁護士報酬に関する自由な競争を阻害するおそれがあるという指摘があり、弁護士法を改正して旧８号の規定は削除し、それに伴い、従来のような実体的な報酬額の標準を定める規程は廃止されました。それに代わり、日弁連は、弁護士に、①報酬に関する（独自の）基準を設けて事務所に備え置く、②受任前に報酬等について説明すること、等を義務付ける新たな「弁護士の報酬に関する規程（日弁連会規第68号）」を平成16年２月26日に制定しました。このように弁護士報酬に関しての実体的な制限はなくなりましたが、報酬に関する基準の作成及び備え置き、依頼者の求めがあるときの報酬見積書の作成交付等の手続的な規制により、不当な内容の弁護士報酬が合意されないよう配慮されているといえるでしょう。

④　契約方式の自由

契約自由の内容として、最後に、契約方式の自由が挙げられます。委任契約も諾成契約であり、要式契約ではありませんから、本来、契約にあたり特定の方式が要求されるものではないのですが、弁護士職務基本規程等により委任契約書作成が義務付けられていますから、方式の自由も修正されていると解すべきでしょう。

委任契約書を作成し、受任した法律事務の内容・範囲等を明らかにすることによって、「依頼した事務を処理してくれない」「いや、その事務は受任していないから処理しないのは当然である」といった類型の依頼者と弁護士との紛争は相当程度回避できるのではないでしょうか。反対に、依頼者との間でこのような紛争となったときに、委任契約書を作成していないと、受任事務の範囲を明らかにするのが相当困難になると思います。弁護士報酬についても同様です。委任契約書を作成することによって、依頼者のみならず弁護士にとっても利益になることは強調しておきたいと思います。また、先ほど述べた弁護士報酬に対する実体的な規制に代わって、手続的な規制が登場してきた経緯を考えますと、委任契約書の作成は、弁護士が報酬基準の作成、備え置き、受任前の報酬に関する説明等の一連の手続的規制を履践することの担保という意味合いもあるのではないかと思います。委任契約書を作成するにあたって、依頼者から、委任契約書の記載事項の意味を質問されたとすれば、結局はそのような手続を履践することになるのではないでしょうか。

委任契約書の作成等が義務付けられた新たな弁護士の報酬に関する規程が施行されたのは平成 16 年４月１日ですが、いまだに委任契約書を作成していないという懲戒請求を散見するのはどういうわけなのか、疑問に思わざるを得ません。

４　依頼者の意思の尊重

弁護士法 72 条により、業として法律事務の処理をすることが原則として弁護士に限られていることは第１章で指摘したとおりです。法は、法曹倫理を有していることが制度的にも担保されている弁護士に法的紛争の解決を担ってもらい、もって、不当な手段、適正でない手法による解決がなされないことを企図しているといってよいでしょう。

依頼者の「正当な」利益のためであるからといって「手段を選ばず」というわけにはいきません。第１章で紹介した、実は自分が執筆した原判決に批判的な判例評釈を、何食わぬ顔で控訴審での自己の主張において有利な材料として引用するというのは、手段の相当性を欠いたことが問題となった例です。

依頼者の正当な利益を考えるうえで依頼者の意向や意思を把握し、尊重すべきなのは当然ですが、常に依頼者の意思に従うべきなのかは１つの問題です。

やや特殊な例かもしれませんが、刑事弁護のケースを紹介します。

平成 30 年１月に２名をはねて死傷させた自動車事故が発生し、その自動車の運転者が過失運転致死傷罪で起訴されました。第１審では無罪となりましたが、検察が控訴して有罪となったというのがおおまかな流れです。途中経過にはいろいろ特色があった事例です。

被告人は 87 歳であり、かねてより低血圧等の持病があり、意識障害が生じることがあったので、検察も起訴前に被告人を鑑定し、本件運転開始時には心神喪失状態であったことを認定したのですが、当該被告人がそれまでも物損事故を起こすなどしていたために、医師や家族から、危ないからもう自動車は運転しないようにといわれていたにもかかわらず、自動車を運転し本件事故を起こしたのだから、自動車運転を控える注意義務があるのに、これに反して運転を開始したこと自体に過失が認められるとして起訴しました。第１審では国選弁護人がついて無罪を主張しましたが、被告人の家族はこの弁護方針に対して批判的だったようです。第１審で無罪判決が言い渡され、検察が控訴しましたが、控訴審では家族が被告人の弁護人として第１審の国選弁護人とは別の弁護士を私選で選任しました（被告人の直系の親族等には、独立した弁護人選任権があります。刑事訴訟法 30 条２項）。その私選弁護人は、控訴審で被告人の有罪を認める弁護活動を行ったのです。

弁護人が有罪を認める弁護活動をすること自体はよくあることですが、第１審で無罪判決があったのに控訴審で別の弁護人が出てきて有罪を認めるというのは極めて異例な展開といってよいでしょう。

被告人、弁護人及び親族とのやりとり等が不明なため、以下は仮定的な考察であり、あくまでも弁護士倫理を考えるための題材であって、実際の関係者に対する批判などでは決してないことをご理解いただきたいと思います。

被告人の親族からすれば、大事故につながりかねないと、かねてから危惧していたために、被告人の自動車の運転をやめさせようとしていたところ、聴いてもらえず、死傷者を出す事故を起こしてしまった被告人に対して思うところがあったのかもしれません。あるいは、周囲から親族に対しても批判が寄せられており、むしろ被告人の有罪を希望するという気持ちがないわけでもなかったのかもしれません。第１審の国選弁護人とて、被告人の所為に問題がないと思ったわけではなかったのかもしれませんが、訴因が自動車運転開始時における運転回避義務違反と設定された以上は、事故の発生等についての予見義務を争うのはその職務として当然であったと思います。

被告人の親族にしてみれば、おそらくは第１審で有罪判決が言い渡されるものと予想していたところ、無罪が言い渡されたために、控訴審に向けて私選弁護人を自ら選任して、国選弁護人が選任されることがないようにしたのかもしれません。

では、私選弁護人についてはどう考えるべきなのでしょうか。

まず、本件弁護にあたって依頼者は誰であると考えるべきでしょうか。

選任自体は親族が行い、弁護士報酬もおそらくは支出した（第１審では国選でした）としても、被告人より親族の意向を優先してよいという意味で、親族が依頼者だとは言い難いと思います。弁護人はあくまでも被告人の弁護人であり、刑事訴訟法が被告人の親族等にも独立して弁護人選任権を認めたのも、被告人が適正な刑事弁護を受けることができるようにする見地からではないでしょうか。

とすれば、仮に被告人は無罪の主張をすることを希望していたのに、親族の意向を優先していたとしたら、疑問が残ります。

もっとも、私選弁護人としては、控訴審における検察の提出予定証拠等を検討して、第１審の無罪判決の維持は困難と判断し、有罪を認めて情状立証に力を注いだ方がよいと考えてのことかもしれません。ただ、その場合でも被告人の理解を得ずに有罪を認めるのは問題が残ると思います。

では、被告人が無罪判決を得たのち、刑事法的な評価はともかく、自己の行為に対して慙愧の念に堪えなくなり、むしろ有罪判決を得ることを希望するに至ったとしたらどうでしょうか。時には、無罪判決よりも有罪と断じてもらった方が救いになることもあるのかもしれません。

仮にそうであったとすると有罪を認めたことで私選弁護人を非難することまでできるのかという気もしますが、より望ましい形として、無罪の主張は維持し、検察の主張に反論をしながらも、控訴審で被告人質問の実施を求め、被告人に自責の念の真情を述べさせて情状立証もして、あとは控訴審の適正な判断に委ねるという対応もあったのではないか、と外部の勝手な意見としては思います。

依頼者の意向は尊重すべきは当然ですが、弁護士の職務からみて、それと違う形の弁護活動をすることも時にはあるというべきではないでしょうか。

5　アルトン・ローガン事件

では、第1章で宿題にしていたアルトン・ローガン事件について考えてみたいと思います。弁護士倫理の成文規定の解釈に過度にとらわれることなく、弁護士倫理の本質に即して考えるとすればどうなるでしょうか。

殺人を告白されたウィルソンの弁護人の立場について事態を整理しますと、一方では自分の依頼者に対する守秘義務があり、他方では自分の依頼者ではないが、無実の罪で無期懲役に処せられているアルトン・ローガンを解放することが期待できる、今までに知られていない情報を得ている、ということになります。この対立の中でどのように行動すべきでしょうか。

相手を信用していまだ知られていないことを打ち明けたのに、その相手が打ち明け話を漏らしたとしたら、重大な裏切り行為といわれて当然でしょう。その意味で守秘義務は弁護士に特有の話ではなく、人としての基本的な倫理の表れでしょう。もちろん、弁護士がその職務を遂行するにあたっては、依頼者からは不利な事実も含め、真実を述べてもらわないと満足な職務は遂行できませんから、守秘義務は弁護士の職務の点からみても極めて重要な義務です。

しかし、守秘義務にも例外はあります。無辜の者が獄中につながれていることに対して、何か正当化できる例外はあるのでしょうか。少なくとも筆者には思い当たりません。

無実の罪で獄中にあったその1日は、もし獄中になければ、恋人に結婚を申し込む日だったかもしれません。妻の出産に立ち会い、大きな感動を妻とともにした日だったかもしれません。仲間と一緒に長年の好敵手との決着の試合に臨む日だったかもしれません。

要するに、無実の罪で獄中にあったということは、後からその損害を回復することは不可能に近いということです。

このように考えると、たとえ自分の依頼者でなかったとしても、弁護士にとって、無実の罪にある者を救うということに対しては、一般市民としての立場（無辜の者を救うということは一般市民にとってはまさに自発的なという意味のボランティアにすぎません）以上に求められるものがあるというべきでしょう。弁護士にとって無実の者を救うということは、人権侵害の最たるものを救うということであり、自らが引き受けた職務の基本中の基本なのですから。

これに対し、ウィルソンは秘密を漏らされることによって、自らが殺人罪に問われる危険を負うことになりますが、本来真犯人として受けるべき罰を受けることになるかもしれない（殺人罪で起訴されるとは限りませんから）というものですから、両者を比較すれば明らかにローガンの方が救済の要請が大きいといえます。ですから、守秘義務の例外としてもよいと考えます。

外国の規定の解釈につき、あれこれ論じるのは不遜ですが、日本における解釈の手法でアメリカ法曹協会（ＡＢＡ）の倫理規定を論じてよいのだとすれば、守秘義務の例外として相当な場合をあらかじめ条項で網羅することは不可能ですから、当該の条文の例外規定は限定列挙と解すべきではなく、正当となる場合の例示列挙であるとでも解しておけばよいのではないでしょうか。あるいは形式的には倫理規定に反しているが、実質的な非行性を欠くので、弁護士としての非行にはあたらないという方法もあろうかと思います。

では、逆に守秘義務を墨守して沈黙を続け、無辜の者の解放から目をそらし続けたことは弁護士の倫理に違反するというべきでしょうか。

難しい判断ですが、ＡＢＡの倫理規定に少なくとも形式的には抵触しているとの専門家のアドバイスのもとで、あえて当該倫理規定に反する行為まで要求するのは酷に思いますので、私見では倫理違反とまではいえないと思います。

なお、日本の弁護士職務基本規程23条は守秘義務について「弁護士は、正当な理由なく、依頼者について職務上知り得た秘密を他に漏らし、又は利用してはならない」との一般的・概括的な例外を認める定めをしており、アメリカとはだいぶ事情が異なります。日本で同じようなことがあれば、沈黙を続けたこと自体が弁護士の非行と判断されてもやむを得ないのではないでしょうか。

第3 独立性について

1　弁護士の懲戒

諸外国の法制度では、弁護士の懲戒は裁判所や監督官庁に委ねられているものも多いのですが、日本の弁護士法は、弁護士の懲戒権限を弁護士会及び日弁連に委ねており（弁護士法第8章）、日本の弁護士制度の特徴になっています（もっとも、法制度の内外の比較は制度全体を視野に入れて行うべきであり、たとえばアメリカの弁護士の懲戒は裁判所に委ねられていることが多いのですが、アメリカではいわゆる法曹一元により裁判官は弁護士の中から任命されますから、実質的にみれば弁護士の自治を認めるのと大差ありません）。

弁護士の職務を遂行するにあたっては、行政庁や裁判所に対し忌憚のない批判を行う必要がある場合もあります。したがって、もし懲戒権限が行政庁や裁判所にあったとすれば、処分を受けることを恐れて、十分な職務がなされないおそれがあります（我が国でも戦前においては、実際の弁護士懲戒事例等をみる限り、それは「おそれ」とはいえなかったようです）。

したがって、いわゆる弁護士自治は重要なのですが、それはあくまでも弁護士の職務が適正になされることが国民の利益にかなうからだということを忘れてはいけません。もし、弁護士会に弁護士の懲戒権限を委ねている制度の弊害が利益を上回ると判断されれば、弁護士法が改正され、弁護士自治が制約される事態が起きないとも限りません。弁護士としては、弁護士自治こそが国民にとって最も良いのだということを日々の活動で証明し続けなければならないと思います。

2　弁護士の監督

さて、個別の弁護士の職務については弁護士会といえども監督権限がないとよくいわれますが、これについても少し検討が必要です。

弁護士が依頼者から委任を受けて、依頼者の求める事象を実現するためにいかなる手段をとるのか、選択した手段を遂行するにあたりいかなる方策をとるのかは、まさに当該弁護士が依頼者との協議等を通じその責任で決めるべき事柄です。

たとえば､不当に解雇された依頼者が甲弁護士に相談に来たとします。依頼者の希望は現職に復帰することなのか、それとも、不名誉かつ再就職の妨げになりかねない「解雇」は受け入れ難いが「会社都合による退職」という形であればよいのか、現職復帰よりも金銭的解決の方を望むのか。どのような決着を望むのかは依頼者の意向を尊重することになります。そのうえで、仮に依頼者が金銭的解決を望むのであれば、弁護士としては、交渉によるのか、労働審判を申し立てるのか、それとも訴訟を提起するのか等を、時間的な側面、費用、利用できる証拠手段等を総合的に判断し、最適と思料した手段を選択することになります。これらの判断は受任した甲弁護士がその責任においてなすべきことであり、弁護士会といえども安易に容喙することはできません。

しかし、このような弁護士業務の中身に対する介入ではなく、たとえば「依頼者からの預り金は自己の金員と区別できるようにして保管しなければならない」といった、弁護士業務に限らない一般的な業務にも通じる規範については、弁護士会が規則を制定したり（預り金についていえば日弁連は平成25年5月31日に「預り金等の取扱いに関する規程（日弁連会規97号）」を制定しました）、個々の弁護士に対し指導監督したりすることは何ら弁護士の独立性を侵害するものではないと考えます。

第4 弁護士職務基本規程について

1　弁護士職務基本規程ができるまで

現行の弁護士法は、33条2項7号及び46条2項で、日弁連の会則には「弁護士道徳その他会員の綱紀保持に関する規定」についての事項を記載しなければならないと定めています。この条文の要請を受け、日弁連会則は第2章に「弁護士道徳」と題する章を設けました。高邁な理想を高らかにうたうものではありましたが、いささか抽象的な規定でありました。昭和30年3月19日には日弁連の理事会の決議で「弁護士倫理」が制定されました（以下「旧々弁護士倫理」といいます）。その後、平成2年3月2日に臨時総会決議により「弁護士倫理」を新たに制定しました（以下「旧弁護士倫理」といいます）。旧弁護士倫理が制定されたため旧々弁護士倫理は廃止されました（平成2年2月16日の理事会で「新たな弁護士倫理が制定されることを条件に現行の弁護士倫理を廃止する」旨の決議がされています）。さて、旧々弁護士倫理は理事会の決議であり、旧弁護士倫理はその前文で総会による「宣明」であることが明らかにされており、いずれも会則上の定めではありませんでしたから、これらは弁護士法の要請を満たすものではなかったのです。その法的な性格は微妙なものがありました。旧々弁護士倫理にせよ、旧弁護士倫理にせよ、弁護士法の懲戒事由の解釈規準あるいは弁護士法の懲戒事由を具体化したものと解すべきではなく、弁護士が懲戒されるか否かは、あくまでも弁護士法の解釈によるべきであると繰り返し説明されていました。弁護士倫理とは、高邁な理想、あるべき弁護士の姿をうたう弁護士の自律的な規範ではないのかという考えも強く主張されました。しかし、旧々弁護士倫理にも旧弁護士倫理にも、その中には、非弁提携や利益相反の禁止などといった、「高邁な理想」や「自律的な規範」にとどまらずこれらの条項に違反したときには類型的には弁護士法上の非行と判断されてもおかしくないものも盛り込まれていました。

言い方を変えますと「かくあるべし」いう理想あるいは目標をうたう条項と「べからず」という禁止事項を明らかにした条項が混在していたのです。

2　弁護士職務基本規程の制定

いわゆる司法改革の流れの中で、弁護士法の要請に正面から応える法形式を備えた弁護士倫理の定めを設けるべきではないかとの内外の声の高まりを受け、平成16年11月10日の日弁連臨時総会で会規として「弁護士職務基本規程」が成立しました（同時に日弁連会則16条を改正して弁護士の道徳及び倫理等について必要な事項を会規に委任する旨の規定を設けました）。

ここに弁護士法の要請に正面から応える法形式を備えた倫理規範が成立したのです。弁護士職務基本規程は「かくあるべし」と「べからず」の区別を明確にする条項を設け、かつ、弁護士職務基本規程違反が直ちに非行と解釈されないよう「実質的」な解釈等を要求しています（同規程82条）。

3　成文規範としての法曹倫理とは

以上、かいつまんで弁護士職務基本規程の制定に至る流れを追ってみました。

制定経緯をみて感ずるのは、禁止事項が成文化されると、制定サイドがいかに規準ではないと力説しても、おのずと弁護士法の定める非行の解釈規準あるいは具体化という色彩を帯びるとの認識が広まっていったことです。禁止事項を条文化するにあたっては、実際の懲戒事例の集積とその分析がなされ、広く意見を求めて集約されたことを考えれば、ある意味では当然の趨勢だったといえるのかもしれません。

日弁連から会員弁護士全員に配布された日本弁護士連合会弁護士倫理委員会編著『解説　弁護士職務基本規程』は多くの弁護士が何か弁護士倫理に関する問題を感じたときに参照しているといっても過言ではないと思います。

第１章でも取り上げましたが、裁判官には国家公務員としての一般的な服務規律の他には特に成文の倫理規範はありません。検察官には平成23年に制定された「検察の理念」がありますが、その名称どおり、具体的規範というよりは抽象的で高遠な目標という性質のものではないかと思います。したがって弁護士は何をしてはいけないのか、何をするのは問題ないのかについては、比較的、判断が容易であるということができると思います。しかし、弁護士職務基本規程はあらゆる弁護士の非行を成文化したものでは決してありません。ごく代表的な非行の類型を取り上げているにすぎません。刑事法のように「罪刑法定主義」があるわけではないのです。

そのため、弁護士としての非行を考えるときは、弁護士職務基本規程の解釈のみに頼ることなく、弁護士の職務の本質に立ち返って考察することが求められると思います。

第5　弁護士会について

弁護士倫理を考えるうえで、個々の弁護士のほかに重要な役割をもつのは、弁護士会（と日弁連）です。次に弁護士会の役割を考えてみましょう。

弁護士は、弁護士会に登録を認められて初めて弁護士ということができます。弁護士会に登録していない者は弁護士ではありません。いわゆる強制加入制度です。強制加入制度は既に代言人規則に定められ、旧々弁護士法、旧弁護士法と受け継がれてきました。ところが、現行の弁護士法制定にあたり、日本国憲法が保障する、結社の自由及び職業選択の自由との関係が問題になりました。この点について、弁護士自治を前提にすれば、弁護士会に所属しない弁護士がいたのでは懲戒その他の監督を全うできないので、強制加入制度は合理的であり公共の福祉による制限として憲法に結社の自由の保障を侵害するものではないと解されています。

弁護士会の役割は多岐にわたりますが、弁護士自治の観点から次の３点を強調したいと思います。

①　資格審査

弁護士になろうとする者は、いずれかの弁護士会に登録を申請します。申請を受けた弁護士会は申請内容等を審査し、問題がないと判断すれば日弁連に進達します。日弁連でも審査して、問題がないとなれば登録され、弁護士会への入会が認められて弁護士として活動を行うことができます、

毎年、司法修習を終了した者が大量に登録を申請し、そのほとんどが問題なく登録を認められます。資格審査で問題となるのは、いったん法曹資格を失ったものが法曹資格を回復した後で登録を申請したようなケースです。

弁護士法７条は弁護士の欠格事由を定めています。その１号は「禁錮以上の刑に処せられた者」です。仮に弁護士となる資格がある者（司法修習生の修習を終えた者など）が懲役２年執行猶予３年の刑に処せられたとします。執行猶予は、刑の執行が猶予されているにすぎず、刑に処せられたことに変わりはありませんから、もし弁護士等の法曹が上記のような判決を受けたら、弁護士資格を失います。もっとも、執行猶予期間が無事満了すれば、刑の言渡しは効力を失いますから（刑

法27条)、「刑に処せられた」とはいえなくなり、弁護士となり得る資格が回復します。また弁護士法7条3号によれば、弁護士が除名の懲戒処分を受けた場合には、その後3年間は弁護士となることができません。3年経過後は弁護士となる資格が回復します。

さて、弁護士資格が回復した者が弁護士会に登録申請をした場合、どうなるのでしょうか。この点に関し、弁護士法12条1項柱書は次のように定めています。「弁護士会は、弁護士会の秩序若しくは信用を害するおそれがある者」については登録の請求の進達を拒絶することができるのです。日本弁護士連合会調査室編著『条解弁護士法〈第5版〉』弘文堂（2019年）によれば、過去の犯罪歴等からみてその者の入会を認めることが弁護士会の社会的信用を損なうおそれがあると認められるような場合だということです。

犯した犯罪の内容等にもよるのでしょうが、一般には執行猶予期間が満了してもすぐに登録が認められることは少ないようです。

確かに、法の支配の担い手として弁護士倫理を自己の内面に蔵していることを期待されている弁護士で構成されるべき弁護士会に、過去に刑事罰を受けた者が弁護士として加わることは、社会からみていかがなものかとは思いますし、そのような者に同じ弁護士会の会員と名乗ってほしくないという誠実に弁護士の職務に努めてきた同会会員の気持ちも理解できるところです。

しかし、弁護士法は、執行猶予期間満了をもって弁護士資格の回復を定めているのですから、弁護士法12条1項の運用をもってこの要件の加重をするようなことはあってはいけないと思います。あくまでも個別具体的に、登録を申請した者の反省悔悟等を総合して実質的に判断すべきではないかと思います。「社会の信用」をたてにして登録の進達拒絶を機械的にすることがもしあったとすれば、真摯に更生を誓う者に対してもチャンスを与えないことになってしまうのではないでしょうか。

②　綱紀懲戒

弁護士自治の重要な内容として、弁護士会あるいは日弁連以外には弁護士又は弁護士法人を懲戒する権限がないことが挙げられます。

弁護士はその職務として、国や行政機関、裁判所等を相手にすることもあり得るため、これらの機関等に弁護士の懲戒等の権限を与えたのでは弁護士の職務の適正な行使に支障を及ぼしかねないので、弁護士自治は何より国民にとって良い制度であると考えます。

弁護士会は、他の機関等から監督を受けることなく弁護士の懲戒権限を一手に保有しているので、弁護士懲戒制度を適正に運営して、弁護士非行の根絶に向けて努力する責務を負っているというべきでしょう。誤解のないようにいっておきますが、弁護士懲戒制度は、公益的な観点からなされるもので、特定の個人や法人等の利益を保護するための制度ではありませんから、ある弁護士が懲戒されたか否かによって、たとえ懲戒請求者といえども、損害が発生するものではありません。したがって、弁護士会にはそのような者に対して賠償する義務はありません。このことは、裁判例でも繰り返し認められています（不当な懲戒処分を受けたことによる当該被懲戒弁護士が受けた損害に対して、弁護士会が損害賠償義務を負うことはあり得ます）。

また弁護士会は、個別の弁護士業務の当否に対して容喙できるものではありませんから（弁護士の独立性）、ある弁護士の非行等によって依頼者等が損害を受けたからといって、弁護士会が損害を賠償するべき立場ではありません。

これらを前提にしたうえで、弁護士会及び日弁連には、弁護士非行の根絶に向けた努力を行う責務があるというべきだと考えます。

平成 29 年 10 月から開始した依頼者見舞金制度は、弁護士の業務上の横領によって財産を失った依頼者を対象に最高 500 万円の見舞金を支給するものですが、制度制定の背景の１つとして、後見人に選任された弁護士が本人（後見される者）の資産を横領する不祥事が複数発生し、その被害額が巨額であったことが挙げられます。

この制度導入にあたっては反対論も有力でしたが、上記のような責務に鑑み、導入に踏み切ったというべきでしょう。

そのほかにも弁護士会は、倫理研修を義務化したり、市民窓口を設けたりして､弁護士非行の防止及び早期の情報の収集に努めています。

また、たとえば受任事務の放置のようなケースの背後には、弁護士がうつ等の精神的な問題を抱えていることもあります。そのためいくつかの弁護士会では会員向けのメンタルヘルスケアを行っています。

③　法曹の養成

日本では、司法試験合格後の法曹の養成は裁判所のもとにある司法研修所が主として担っていますが、諸外国には司法研修所のような組織がない国もあります。

そのような国では、ロースクール等を終了して試験に合格することによって、あるいは一定期間の弁護士事務所で実務研修を受けることによって、弁護士となります。

日本の弁護士会は、それらの外国と比較すれば法曹の養成に対しては制限的な関与にとどまっています。

もっとも、弁護士法５条により、司法試験に合格はしたものの司法修習を経ない者や、５年以上いわゆる特任検事の職にあった者について、法務大臣の認定を受ければ弁護士となる資格を得ますが、そのために法務省令で定める法人が実施する研修の過程を修了する必要があります。その法務省令で定める法人は、日弁連にほかなりません。毎年８月ころから、約１か月半にわたり講義や法律事務所での実務研修を実施しています。日弁連が公表しているカリキュラムによると、研修に弁護士倫理の講義もあるようです。

設問１

Ａ弁護士は、傷害致死事件で逮捕された被疑者の親から、被疑者の私選弁護人の依頼を受けた。Ａ弁護士は、被疑者の親と委任契約を締結し、着手金を受領後、被疑者に弁護人選任届を書いてもらうために接見に行った。

接見の際、被疑者はＡ弁護士に対し、「被害者は被疑者の友人で、事件現場には被疑者らの先輩Ｂがいた。Ｂが被害者を殴ったところ、被害者が倒れて意識がなくなった。自分は現場にいたが手を出していない。しかし、Ｂから『お前が後始末をしろ』と言われたので、救急車を呼び、警察には、自分が殴ったら被害者の様子がおかしくなったと説明した。Ｂが現場にいたことや、Ｂが殴ったことは一切、警察には話していない。Ｂは暴力団の組員で、もし、自分が真実を警察に話すと、後で、何をされるかわからない。自分はこのままＢの代わりに刑を受けるので、親にもこのことは話さないでほしい」と話した。

Ａ弁護士は被疑者に対し、真実を話した方がよいと説得したが、被疑者は真実を話すことについては頑なに拒否をした。

１　あなたがＡ弁護士なら、被疑者の弁護人になるか。それとも、着手金を返還して、委任契約を解除し、弁護人になることをやめるか。

２　あなたが被疑者の私選弁護人に就任した場合、

（１）委任者である被疑者の親に対し、被疑者の話を隠さずに報告するか。あなたが被疑者の国選弁護人の場合はどうするか。

（２）警察官、検察官に対して、被疑段階でどのように対応するか。

（３）起訴後の公判段階での罪状認否、被害者遺族との示談、被告人質問、弁論等については、どのように対応するか。

解題

弁護方針について、被疑者（被告人）と意見が対立した場合に、弁護士はどのように対応するべきかという問題に直面する。本設問は、暴力団組員のBをかばうものであるが、逮捕されると親族の生活が崩壊するため、親族をかばうために自分が身代わりになるという場合もあろう。私選の場合、委任契約を解除して事件から離れることは楽であるが、誰かが弁護人になることとなり、弁護士は問題から逃げることができない。

弁護士の再三の説得に被告人が応じない場合、被告人の自己決定権を理由に、被告人の要請に応えていくのか、あるいは、弁護士独自に無罪の主張をしようとするか、また、無罪を主張する場合、被告人の秘密を守る義務との整合性をどう考慮するべきかという問題がある。被告人の要請に応えて、公判開始後、公訴事実を争わず、被害者遺族との示談交渉を進めたとしても、公判途中で、被告人の気持ちが変わり否認に転ずることもある。その場合、弁護士は、どのように対応するべきかということも考えなければならなくなる。

また、私選の場合、依頼をした親に対する報告義務と被告人の秘密保持義務との関係も問題となる。

設問２

Ａは、帰宅途中に居酒屋で飲み過ぎ、電車で眠り込んで、降車駅を乗り越し、終点の駅まで来た。駅ホームの電光掲示板に、終電車の時刻と思われる表示があったため、自宅方向の終電車が来るのを待つことにしたが、ホーム上に何人かサラリーマン風の男がいて、そのうちの１人がベンチに座ったまま寝込んでいるのに気がついた。男のそばには、男の持ち物と思われる大きな鞄があり、その状態だと盗まれるおそれがあると思い、男に声をかけたが、男は全く起きなかった。ホーム上に駅員が見えなかったため、Ａは、終電車が来る前に駅の改札の駅員に声を掛け、男の面倒を見てもらおうと思ったが、鞄を置いたままだと、その間に盗まれると思い、男の鞄を持って、改札口の駅員の所まで行こうと歩き出した。Ａは、数歩、歩き出したところで、当日、置き引き犯罪の取締りをしていた警察官に現行犯逮捕され、その後、裁判所で10日間の勾留決定がなされた。

１　Ａの国選弁護人が接見したところ、Ａは弁護人に対し、「逮捕勾留されたことが勤務先会社にわかると解雇されるため、私の家族に連絡して、家族から会社に対し、病気でしばらく会社を欠勤する旨伝えるように指示してほしい」と頼まれた。

あなたが弁護人なら、Ａの家族に、Ａに言われたとおり会社に虚偽の連絡をするよう指示するか。

２　Ａは、捜査官の調べに対し、窃盗の故意を否認していたが、勤務先会社が繁忙期で早く釈放されないと、担当している仕事が実行できないため、早く釈放できるようにしてほしいと弁護人に訴えた。そこで、弁護人は、裁判所に対し、勾留取消請求をしたが認められず、Ａの勾留が続いていたところ、検察官がAに対し、「本件は実害が出ていないから、罪を認めて被害者と示談ができれば起訴猶予になる可能性がある」旨の話をしてきた。Aは、「一刻も早く釈放されないと会社の仕事の責任を果たせない。罪を認めても起訴猶予なら誰にも知られない」と思い、検察官に対し、盗むつもりで男の鞄を持ち出したと供述した。

すると、検察官は、Aに対し、「これから弁護人に接見に来るよう連絡し、弁護人に対し、被害者と示談をすることを依頼するように」と話したので、Aは弁護人に接見に来てもらい、弁護人に対し、「検察官が被害者と示談をすれば起訴猶予にしてくれると話してくれた。自分は一刻も早く釈放されないと会社に迷惑をかけるので、盗んだことにして供述調書を書いてもらった。ついては、至急、被害者と連絡をとり、示談をしてほしい」と弁護人に要請した。

あなたが、弁護人なら、Aの要請に応じて、被害者と示談交渉をするか。

3　弁護人は、Aの要請に応じて、被害者に対し、被害弁償をして示談をしたい旨の話をしたが、被害者は、自分の方にも落ち度があり、実害が生じていない、Aに対しては処罰感情ももっていないため、Aから迷惑料等のお金を一切受け取れない旨の話をして、示談することを固辞した。

そこで、弁護人は、示談を諦め、検察官に対して、被害者と示談の話をしたが、前記のような経緯で示談には至らなかった旨の報告をしたが、Aは窃盗罪で起訴された。

それに対して、Aは弁護人に対し、「検察官に裏切られた。裁判では徹底して闘う」と話した。

そこで、弁護人は、Aの保釈申請をしたところ、保釈担当の裁判官から、「Aは、公判では否認するのか、それとも罪を認めるのか」という問い合わせがあった。

弁護人は、被告人が罪を認めている事件について保釈申請をする際には、保釈が得られやすいように、保釈申請書に「被告人も罪を認めて反省している」旨の記載をしていたが、本件については、Ａが否認する予定であったので、その旨の記載はせず、また、否認する予定と書くと保釈が難しくなるかもしれないと考え、否認することや無実であるといったことは記載しなかった。

あなたが弁護人なら、この裁判官の問い合わせに何と回答するか。

また、公判段階で無罪を主張する方針が明確になっているのに、弁護人が保釈申請にあたり無実の主張をしなかったことについて、どう思うか。

解題

1　本問は、勤務先会社に逮捕されているという真実を伝えると解雇されるおそれがある場合、被疑者の要請に応じて弁護士が虚偽の連絡を会社にするよう家族に指示してよいのかという問題である。弁護人が被疑者と接見した際に、被疑者からこのような依頼をされることが少なくない。逮捕が勤務先に知られると解雇されるかもしれないという被疑者のおそれは理解できるが、弁護人が嘘を言うように家族に指示するのも弁護士としての誠実性に反するのでないかとためらう人も多いと思われる。起訴されるか否か等、本来の刑事事件の帰趨とは関係がないかもしれないが、弁護人は被疑者の生活面に不利益が生じないように配慮する必要もあろう。

2　本問は、無実だけど早く釈放されたいがために罪を認めたという被疑者からの示談要請に対して、弁護人はどう対応するべきかという問題である。示談をすれば起訴猶予で釈放される可能性があるが、一方で、示談をすることは有罪を認めることとなり、無辜の被疑者を自分の弁護活動により犯罪者としたのではないかという後悔をすることになるかもしれない。また、起訴猶予も可能性だけで、示談しても起訴される最悪の場合も想定しなければならないかもしれない。

被疑者の自己決定権を優先するとしても、被疑者に対して、将来、起こり得る可能性があることを十分に説明しておく必要があろう。

3　本問は、保釈申請に対して、裁判官から「公判で否認するのか否か」尋ねられたときに、弁護人は、どのように回答するべきかという問題である。

弁護人としては、保釈が難しくなる可能性を覚悟しても、「否認する予定である」と真実を述べるのか、あるいは、他の回答をするのか判断を迫られることになろう。

また、本問では、公判段階で無罪の主張をする方針が明確なのに、弁護人が保釈申請において被告人の無実を主張していない。これは、否認していると保釈をなかなか認めてくれないという裁判所の現状を考慮したものであると思われるが、やむを得ないのであろうか。

設問３

民事裁判の代理人を委任され、依頼者に事件の関係資料を持ってきてもらったところ、その中に、依頼者に不利な書面（以下「Ａ書面」という）があるのを見つけた。Ａ書面からすると、依頼者の主張している事実は誤りで、相手方の主張事実が真実と判断された。

１　あなたが代理人弁護士なら、民事裁判をどう進めるか。
　裁判で、Ａ書面から判断できる事実と異なる主張をするか。

２　裁判途中で、相手方から、「Ａ書面を依頼者が所持しているのでないか。存在しているなら提出されたい」との主張がなされた。
　あなたが代理人弁護士なら、どう対応するか。

解題

弁護士は、依頼者の利益を守る立場にある一方で、真実を尊重し、信義に従い、誠実かつ公正に職務を行う義務が課せられていることから、依頼者にとって不利益な証拠を発見した場合に、弁護士がどのように裁判を進めていけばよいか考える問題である。

弁護士に「積極的真実義務」まで課せられていないとしても、客観的な事実と異なる主張をすることが「消極的真実義務」に違反して懲戒等の対象となるとしたら、依頼者を守りたいという気持ちと弁護士としての職務の公正を遵守する義務との対立で葛藤することになろう。

これを回避するために、仮に、上記１で、Ａ書面の内容と明らかに反する主張をせず、依頼人に不利益にならないようにＡ書面の存在を秘匿して裁判を進めていたとしても、上記2のように、相手方から、A書面の提出を迫られた場合、弁護士としての立場を明確にする場面が出てくる可能性がある。

A書面が作成された経緯等について依頼人から事情を聴取するなどして、その証拠価値を十分に検討し、証拠価値が高い場合は、依頼人の了解を得て、和解による解決を早期から試みることを考える必要があろう。

設問４

妻が夫に対し、離婚と子供の親権者を妻とすること、及び、子供の養育費を求めている裁判で、裁判官が妻の主張が正当と判断し、和解期日で、夫に対して、妻の求める内容を基本とする和解ができないか打診したところ、夫は「離婚と子供の親権者を妻とすることについては了解するが、養育費は払わない。もし、養育費の支払を命ずるようであれば、妻と子供を殺す」と言い出した。夫の態度は、冗談ではなく、本当に妻や子供に危害を加えると感じられるものであり、もし、この話を妻に伝えると、妻は恐怖心を抱き、養育費の請求はしないで和解するかもしれないと裁判官は思った。

そこで、裁判官は、妻の代理人弁護士に、夫の話を、そのまま伝えた。

あなたが妻の代理人弁護士なら、依頼者の妻に対して、どのような助言をするか。

解題

このような場合、妻の代理人弁護士としては、依頼者の妻に対して、夫の脅迫に断固として闘うことを助言する人もいれば、万一のことを考えて養育費なしで和解をすることを助言する人もいるであろう。

和解をするか否かは、最終的には依頼者の判断になるが、依頼者に対する弁護士の助言の仕方によっては、後に、依頼者から弁護士に脅かされて和解せざるを得なかったとして懲戒申立てがなされたり、あのとき、適切に助言してもらえていれば、裁判後の傷害事件を回避できたのにと弁護士に苦情が来たりする可能性もある。

どちらの方針をとるにしても、それによって将来、起こり得る危険や、とり得る対策の有無等を依頼者に十分説明しておく必要がある。

設問５

Ａ弁護士は、依頼者を申立人とする民事調停事件において、裁判所の調停委員から、相手方が調停に応ずる意思がなく、調停成立の見込みがないため、調停を取り下げるか不成立にするしかないと言われた。

この事件は、訴訟提起をすることが困難な事件であったので、調停を不成立にして、調停時に納付した印紙を訴訟において利用する見込みがなく、また、消滅時効の心配もなかったことから、その調停期日で調停を取り下げた後、速やかに、調停に出席していなかった依頼者に調停の取下げを報告した。

Ａ弁護士がとった対応に問題があるか。

解題

Ａ弁護士が調停を取り下げなければ、その調停期日で調停不成立の手続がとられて調停は終了することになり、依頼者から、依頼者の了解なく調停を取り下げたということを理由に、Ａ弁護士に対する懲戒請求の申立てがなされた場合、懲戒処分を受ける可能性がある。取下げでも不成立でも調停終了という結果は同じだが、調停の取下げについて、事前に依頼者の了解を得ていない場合は、依頼者に連絡をとって了解を得るか、依頼者との連絡が直ちにとれず了解が得られないという場合は、調停不成立にせざるを得ないであろう。

設問6

Ｘは、令和元年５月、勤務先Ａ会社との解雇紛争をＹ弁護士に委任した。委任契約書が作成され、Ｙ弁護士の業務はＸからの申立てによる賃金仮払の仮処分事件と解雇無効の訴訟事件として受任した。

Ａ会社の主張によれば、解雇理由は、Ｘがたびたび上司の指示に従わずに職場を離脱し、注意すると反抗し、揚げ足をとる言動が目立ち、同僚従業員との折り合いも悪く、「勤務態度が著しく不良で、改善の見込みがない」とされている。

Ｘは、Ｙ弁護士への事件依頼より約２か月前に、職場で仕事上の打合せ中に上司と口論、もみ合いとなり、たまたま同席して一緒に打ち合わせをしていた会社の取引先Ｂ会社の担当者Ｃが仲裁に入って収まったことがあった。

ＸはＹ弁護士には、上記の委任契約時に「Ｃから殴られて怪我をしたことがあるので、解雇紛争が終わってからでもよいので、この事件も相手に謝罪と賠償請求をお願いしたい」と打ち明け、相談した。

Ｙ弁護士は、「ＣとＣの勤務先Ｂ会社を相手とすることになるが、訴訟の可能性もあるので、どうするか考えてください」とＸに判断を委ねた。

しかし、解雇紛争が終了するまで、Ｘの回答はなかった。

解雇紛争は、令和３年１月、裁判上の和解で終了した。

ところが、Ｘは、その後、令和４年５月になって、Ｙ弁護士に抗議の連絡をしてきた。

その内容は次のとおりだった。

「Ｙ弁護士は、Ｃに対する謝罪、賠償請求への対処を約束したのに、今まで何もしてくれなかった。他の弁護士に相談したら、『不法行為は時効にかかっているのではないか』と言われた。どうしてくれるんだ」

Ｙ弁護士は、これに対し、「当該賠償事件を受任したことはなく、委任契約書は解雇紛争だけである。賠償の件の受任をしたという証拠はあるのか」と反論の書面を送り付けた。

たしかに、Ｙ弁護士のいうとおり、Ｘの言い分を裏付ける書類等はなかった。

実は、Ｂ会社には、Ｙ弁護士の高校の同級生がいて、時折、仕事の相談をし合うことがあり、自分ではＣやＢ会社を相手にする事件を受けたくないと考えていたが、これを断ると、当時せっかく受任した解雇紛争もＸが他の弁護士に乗り換えるかもしれないことをおそれ、あいまいなままＸに判断を委ねた。その後、Ｘが事件を断念するか、他の弁護士に相談にいってくれれば、それでもよいと考えて、そのままにしていた。

１　Ｘ弁護士の対応には、どこか問題があるか。

２　上記１で、問題があるとした場合は、どうすればよかったと考えるか。また、問題がないと考える場合は、その理由を説明しなさい。

解題

本設問の論点は、①受任の諾否の応答のあり方と、②賠償請求事案に対する弁護士の相談対応である。

①について、地方都市では、人間関係が錯綜し、このようなことはよく起こる。

Ｙ弁護士は、賠償事件を受任できないと考えたのであれば、速やかに、かつ率直にそのことをＸに伝えるべきであった（弁護士職務基本規程 34 条）。

「訴訟をする覚悟はあるのか」という問いかけを依頼者にすることは、

それ自体は受任の前提として必要な質問だとしても、依頼者の問いかけ（Ｙ弁護士が事件を受けてくれるのかどうか）には正面から答えておらず、受任の諾否について誤解を与えている。

受任の諾否の返事をわざと引き延ばしているのは、弁護士として、不誠実な対応といわざるを得ない。依頼者が適切な時期に弁護士を依頼する機会を失わせる危険がある。

仮に、賠償請求事件の受任を断ったときに、依頼者から受任していた解雇事件までを解約される心配があったとしても、その危険はやむを得ないことであり、依頼者がもつ弁護士の選択権を侵害することに優先するものではない。

Ｘは Ｙ弁護士が解雇事件終了後、受任可能と思い込み、期待をもったまま時間が経過してしまった。

Ｘの軽率な弁護士任せはあるにしても、Ｙ弁護士は、あいまいな対応をしたことの批判を受けざるを得ないと思われる。

②について、弁護士に賠償事件を依頼した者の権利の保護に配慮することは、依頼を断る場合においても必要ではないか。

不法行為による賠償請求事案を相談された場合の弁護士の助言内容は、訴訟の要否だけでなく、権利の保護に必要な考慮（特に時効期間や勝訴の見込み、賠償額、手続にかかる費用、必要な証拠資料の収集整理など）についての助言、説明は、受任の諾否にかかわらず、最低限、必要であろう。

設問７

Ａ株式会社は、Ｘ株式会社との間で、長期にわたり機械部品を供給する継続的取引をしていたが、Ｘ社は、代表取締役が交代したことを契機に、Ａ社との取引を一方的に打ち切ってきた。

Ａ社は、自社の売上げのほぼ７割を、Ｘ社との取引に依存していたため、この取引停止は、死活問題だとして、Ａ社の代表者ＢからＸ社の担当者に、打ち切りの翻意と取引の継続を懇願した。しかし、Ｘ社の担当者は「会社の方針だから」と言って、取り合おうとしなかった。

Ｂは、取引を断絶された後、Ｙ弁護士に相談した。Ｙ弁護士は、Ｂから事情を聴取し、裁判にすれば、契約解除の無効（取引の継続）若しくは和解で取引停止による補償金を勝ち取れる見込みがあると考え、事件を受任し、とりあえず、Ｘ社に内容証明郵便で、取引停止は無効であるとの通知を出した。

その通知には、「貴社（Ｘ社）は、長年にわたり、経費を水増しして多額の脱税をしており、これについても、今後追及をしていくつもりです」との文言も付されていた。その件は、ＢがＸ社の元社員であるＣ（Ａ社の元取引担当）から聞いていたことをＹ弁護士に話していたことを記載したものだった。

通知書を見たＸ社の代表者は、以下のような抗議の文面をＹ弁護士に送り付けた。

「Ｙ弁護士は、Ａ社の話を鵜呑みにし、虚偽の事実を断定的に記載したことは不当だ。Ａ社とＸ社間の紛争とは無関係の内容を、通知書の中に言及するのは、紛争を有利に運ぶための恫喝であり、弁護士として許されない行為だ」

１　Ｙ弁護士の業務には、どのような問題があるか。考えられる論点を挙げなさい。

２　Ｙ弁護士は、Ｘ社からの抗議書に対し、次のような回答書をＸ社に出した。

「代理人による書面の内容は依頼者からの事情聴取に基づくしかなく、依頼者を信じることは弁護士の基本である。その話に信ぴょう性があると判断した場合、弁護士として非難されることではない。

また、脱税の件の通知書記載は、依頼者から同意をとっている。『社会正義の実現』（弁護士法１条１項）という弁護士の使命にもかなうものである。脱税の件は、本件民事紛争とは関係がないが、違法なことを指摘することは、恫喝には当たらない」

この内容は妥当なものかどうか、検討しなさい。

３　Ｂが、当初Ｙ弁護士の聴取に際し、「Ｘ社の脱税は、当社（Ａ社）との取引上の経費も関係しているとＣから聞いた」と述べていた場合は、上記１、２の点はどうか。

４　上記２の場面で、あなたがＹ弁護士だったら、どのように対処するか。

解題

本設問の形式的な論点は、下記の①ないし③であるが、本質的な論点は下記④である。

①　Ｙ弁護士の業務の問題点について

弁護士が業務活動をするのは、受任した事件の範囲内である。受任業務で活動中に委任されていない内容に関して事件の相手方と折衝することは相当なことか、依頼者の同意があればよいのか。

また、委任の範囲が明確ではない場合に、どこまでが受任業務として可能な活動か、受任業務の範囲を画する基準は何か等について検討する必要がある。

②　Ｙ弁護士の通知内容の妥当性について

「経費の水増し、脱税」との指摘に関して、弁護士の真実義務と誠実義務との調整をどこで図るか。

本件では、「水増し、脱税」との事実は、伝聞であることに留意すべきである。

真実義務との関係で、依頼者の訴える事実の裏付けとして、一定の事前調査をすべきであるが、どの程度要求されるかは、時間と能力との関係で検討すべき問題である。

③　受任業務に関連する刑事問題

上記②で述べたように、「水増し、脱税」の事実は伝聞であることに留意する必要があるほか、本件取引が水増しされていたかどうか、またそれと解約理由との関連についての事前検討も必要である。

Ｙ弁護士の対応は、これらの調査が事前にされておらず、軽率との非難を免れない。

④　最後に、本件では、事件の受任時において、弁護士が事件と相手方に向き合う人格、姿勢が問われる。

真摯に依頼者のために当該相談に係る紛争の解決を目指すのであれば、当該事件業務の中では、原則としてこれに無関係な紛争の拡大は慎むべきであり、依頼者が同意若しくは希望しているとしても、事件化を避けるか、場合によっては、別事件として扱う方向で、対処すべきである。

また、相手方に対しては、いかなる場合でも一定の礼節や敬意をもって接することが肝要であり、問答無用の態度をとって、相手方に余計な憤懣を生じさせることは、不適切な対応である。

本件に関連するかどうかを問わず、受任事件とは別の相手方の非違行為の情報に接した際に、業務上それを取り上げようとする場合には、事前の裏付け調査が必要であることを留意すべきである。

設問８

Ａの妻Ｂは、Ａの死亡後、Ａ所有の自宅不動産を相続した。

ところが、その後貸金業者の甲社からＢに対し、Ａに対する貸金の返済の催告書が届いた。自宅の土地、建物に甲社の抵当権が設定されていることも判明した。亡夫Ａの生前の借金の存在を全く知らず驚いたＢは、懇意にしている知人に相談したところ、Ｘ弁護士を紹介され、相談に行った。

Ｘ弁護士は、債務整理事件としての受任をすることなく、Ｂにはとりあえず「甲社の請求の内容を聞いて、後日、再度相談しましょう」と言い、その当日、電話で甲社に亡Ａの債務を問い合わせたところ、甲社の従業員乙が、２、３日後に、Ｘの事務所に「債務現在額調査書」なるＡ４の２枚の紙を持参してきた。そこには、借入日、借入金額、現在の元本額と滞納後の遅延損害金額がそれぞれ記載されていた。そして乙は、「元本は返済しなくてよい。遅延損害金を支払ってくれれば、示談します」とＸ弁護士に言った。

乙は取引履歴を持参せず、Ｘもそれを要請しなかったが、借入日が平成 18 年よりはるか以前だったので、利息の過払があるのではないかと考えて、Ｘは乙に「過払になっていたのではないか」と尋ねたが、乙は、「利率は当初から制限利率以下であり、過払は発生しなかった」と答えた。

Ｘはそれ以上の調査をせず、再度Ｂを事務所に呼んで、調査結果を説明し、「遅延損害金だけでよいというので、示談をしたらどうか」と勧めた。Ｂは自宅に持ち帰って親族と相談したところ、親戚の１人から「自宅を売って返済するしかないだろう」と言われた。

ＢはＸ弁護士に依頼を断り、それまでの調査費用として５万円を支払い、甲社の「債務現在額調査書」は受領した。

実は、Ｘ弁護士の所属している事務所は共同事務所で、同僚のＹ弁護士は、甲社の顧問をしていた。その関係で、甲社は、Ｙ弁護士のもとに、時折相談に来ていたから、Ｘ弁護士は甲社をよく知っており、受任通知を出さずに、上記のような調査処理をした後に、業務を終了するつもりだった。

Ｂは、相続した自宅を処分して、Ａの負債を返済することとし、直接、甲社と掛け合った。甲社は提携している不動産業者を紹介し、「任意売却による遅延損害金だけの返済で示談」することを、改めて提案してきた。この段階でも、ＢはＡの取引履歴を入手できておらず、亡Ａの借金の経緯、返済経過や過払の有無を全く知らないままであった。

また、なぜ残元金の返済は免除され、遅延損害金だけの返済なのかも、よくわからないままだった。

不動産業者は、買い手を見つけ、Ｂに条件交渉を開始してきた。

そのころ、Ｂ宅に知らない人間が頻繁に訪れるのをいぶかしく思った隣人が、Ｂから事情を聞き、知り合いのＺ弁護士をＢに紹介してくれた。Ｚ弁護士は、相談時にＢが持参した資料をみたところ、約定利率は制限利率以下であるものの、貸付金額がＡの返済能力をはるかに超える高額で、返済期限も無理な時期に設定され、遅延利率は高率で、それまでに20年近く長期間返済しているのに、元本額は減らないままであったことに気がついた。

1　Ｘ弁護士の業務態度にはどのような問題があるか。考えられる論点を挙げなさい。

2　あなたが、Ｚ弁護士なら、この事件にどう対応するか。

解　題

本設問の直接的な論点は、利益相反（弁護士法 25 条）、共同事務所の他の弁護士との関係、弁護士の説明義務の点である。

より本質的には、債務整理の相談を受ける際の弁護士の基本姿勢である。

1　Ｘ弁護士は、本件を受任すべきでなかったし、受任前であっても、調査を開始したりすべきではない。

Ｘ弁護士の立場は、利益相反の問題があり、仕事に公正さが疑われるからである。

この場合、Ｘ弁護士は、受任できないことをすみやかにＢに伝えるとともに、Ｂが求める弁護士依頼の適切な機会を失わせないために、弁護士会又は法テラスの相談窓口を紹介すべきであった。ただし、Ｙ弁護士と甲社との関係まで具体的に理由を説明する必要はない。むしろそれをすると、守秘義務の違反につながることになる。

受任できない理由までは、相談者の関心事ではないため、その説明は、簡単でよく、工夫すればよい（実際によくある例としては、「業務多忙」があるが、この理由は方便である）。

また、Ｘ弁護士は最低限の助言を怠った。信義誠実義務の関係で問題である。債務整理であれば、利率や取引履歴、時効、相続熟慮期間、Ａの収入、返済可能額などを聞きとり、弁護士が受任しない代わりに、当事者に注意点を教示して行動を促すことは必要だった。

本件では、Ｘ弁護士は、乙が持参した「債務現在額調査書」を疑うことなく読み流し、「過払なし」と軽信し、それ以上の調査と助言の必要に思いが及んでいなかったのである。

2　Ｚ弁護士が行うべき対応については、以上の前任者を反面教師と考えれば、おのずと明らかであろう。債務整理事件の基本を思い起こしながら、「過剰貸付」への対応を含めて、検討すべきである（旧）貸金業の規制等に関する法律13条、貸金業法13条の2参照)。

設問９

Ａ弁護士は、商品売買代金請求の被告事件を受任し、裁判では錯誤無効を抗弁として主張立証した。第１審判決は、売買契約が被告（買主）の錯誤で無効とされ、全面勝訴した。

敗訴した売主側が控訴し、控訴審の第１回期日において、後刻和解勧試があり、裁判長は被控訴人代理人に対して「錯誤成立の認定は難しい。原判決変更の可能性がある。和解で妥協点を検討した方がよいのではないか」と指摘した。しかし、裁判所の合議では、あらかじめ「控訴棄却」の結論に達していた。

Ａ弁護士は、第１審の審理経過に自信をもっていたので、思わぬ裁判長の発言に困惑したが、逆転敗訴したら後がないので、依頼者にその旨伝え、相談をしたうえで、裁判外で控訴人代理人Ｂ弁護士と協議して、100万円の和解案を提示し、事実上合意した。

Ｂ弁護士は、和解協議の際、裁判長から「控訴は棄却を免れない」と言われており、和解が打ち切りとなった場合は、控訴棄却を覚悟していたので、Ａ弁護士の申し出に応じた。

１　Ａ弁護士の対応に、問題はあるか。あなたがＡ弁護士なら、別の対応をするか。

２　あなたが被控訴人の代理人なら、依頼者（被控訴人）にはどのように助言し、控訴審をどう進行するか。

解題

裁判官が、双方に対し「判決になったら、負ける」と言って、和解を勧める場合、どちらかに嘘をついていることになる。一部勝訴が考えられない本件の場合、100か0かの選択をつきつけられながらの和解検討を、代理人は強いられる。

民事訴訟の代理人にとって、このような場面は、日常的にあり得る。

控訴審での和解では、第1審勝訴の結果に自信をもっている側にとっては、裁判官に反論したとしても、法廷でその点の主張立証をする機会がなく、後がない逆転敗訴判決を覚悟しながらの和解検討を強いられることになる。このような場での対処の仕方を身につけておくことは必要である。

1　A弁護士の対応の問題点については、裁判長の発言を聞くだけで引き下がるべきではなかった。発言の趣旨、理由を正確に問いただし、発言内容（証拠が薄弱）の根拠に疑念があるのであれば、毅然と反論し、裁判長の反応をみることまで行うべきであった。それによって、裁判長が単なる駆け引きで言っているのかどうかを判断することが求められるのである。

2　被控訴人の代理人弁護士の和解にのぞむ対応については、原判決での勝訴の理由を十二分に検討し、原審勝訴に自信があるのであれば、裁判長の言葉に振り回されず、裁判官が巧妙で不当な説得をしてくることをも想定し、あらかじめこれに毅然と対処する用意をしておくことも必要である。

そのうえで、妥当な解決のために、依頼者には原判決と控訴審の裁判所の心証内容の違いや弁護士の見解をよく説明して、判決を求めるかどうか、よく協議し、和解の方向をとる場合には、譲歩の許容限度を探ることは意味があることである。

設問 10

Ｙ弁護士は、交通事故の被害者であるＡからの依頼で事件を受任し、同事故の加害者であるＸに対し、受任通知書を発送した。

Ｘは、通知書にあるＹ弁護士と事務所の名前に、次のような理由から見覚えがあった。

① Ｘは５年前、同事務所の別のＢ弁護士に自己破産の申立てを委任したことがあった（免責決定まで手続は終了）。

② また、これも以前、Ｘの妻が詐欺事件の被害を受けたときに、知人を通じてＹ弁護士に妻の事件を相談したことがあった。

③ Ｘが本件の交通事故の加害者として、以前、刑事処分の見通しについて聞くため、たまたまＹ弁護士が開設している電話相談に架電したところ、「事故が軽微な被害にとどまっているのであれば、立件はされないのではないか」と助言されたが、電話では、被害者がＡであることを伝えていなかった。

Ｘは、以上のことから、「Ｙ弁護士がＡの代理人になったことはおかしい、辞任すべきだ」と主張してきた。

1 Ｙ弁護士はどのように対処すべきか。Ｙ弁護士の業務にはどのような問題があるか。考えられる論点を挙げなさい。

2 Ｙ弁護士は、Ｘからの指摘に対し、次のような回答書を出して反論した。

「Ｙ弁護士の所属事務所の他の弁護士がＸの自己破産の申立代理人であったことは、指摘を受けるまで知らなかったし、知り得ないことである。

また、以前、詐欺事件で被害を受けた人の知人から相談を受けたことがあり、詐欺被害者の夫がXであったことは、今回調べてわかった。しかし、それは3年前のことで10分程度の相談であったから、指摘を受けるまで知らなかった。

Xから本件交通事故で電話相談を受けたかどうかは、記録や記憶がない。しかし、電話相談は数分程度であり、一般的な助言であり、相談とまではいえない」

この内容は妥当か。

解題

本設問の形式的な論点は、利益相反の点であるが、本質的な問題は、弁護士の営業姿勢、記録と記憶のあり方である。

弁護士は事件の相談を受ける際には、常に当事者に対する信義を重んじ、事件に利益相反性がないかどうかを確認しておくことが必須である。問題が生じてから「知らなかった」では済まされない。

本件では、相談の記録をとっておらず、電話の記録もずさんであり、そもそも、電話の相手方を特定できない無制限の飛び込み電話相談を開設していること自体が問題である。

1　所属事務所の他の弁護士が事件を受任していた点については、弁護士職務基本規程57条、28条2号（職務を行い得ない事件）等が問題となる。28条2号は「現に受任中の他の事件の依頼者を相手方とする事件」を意味し、終結した過去の事件は含んでいない。

詐欺被害事件の相談についても、同様であろう。

2　本件交通事故の刑事事件の電話相談を受けていたとの点について、それが事実かどうかは、1つの問題であるが、事実であることを前提とすると、弁護士職務基本規程27条1、2号の問題がある。

電話相談の内容が「賛助」といえるほどの内容に踏み込んでいたか

どうか、考察することになる。なお、相談記録は必ず残すこと。電話相談の場合も同様である。

設問11

相談者から、「A社から、『下請けの仕事を発注したいが、仕事をするには特殊な機械が必要で、それを先に自己負担で購入してほしい。仕事はたくさんあるので、機械の購入代金はすぐに回収できる』旨の話があり、機械を購入したが、その後、A社から仕事の発注があることはあったが少ししかなく、詐欺だと思うのでA社を訴えたい」という依頼があった。

依頼を受けた弁護士は、同一の被害を受けた人が他にもいるのではないか、同様の被害を受けている人が多数いれば、詐欺の立証が容易になり、刑事告訴をするにしても、民事裁判をするにも有利になると思った。

そこで、インターネットを利用して、A社の取引によって被害を受けた者から相談を受けていること、A社を詐欺で刑事告訴するにあたり、同様の被害を受けていれば告訴がしやすいので情報を寄せてほしいという記事を掲載した。

あなたが弁護士なら、同様の対応をするか。

解題

証拠の収集のためインターネットを利用して不特定多数の人から情報を集めたいと考える弁護士は多いと思うが、A社と特定できる記載をした場合に、名誉毀損、信用毀損で弁護士が訴えられる場合も出てくるかと思われる。最新の情報手段を使って不特定多数の人から情報を取得するにあたっては、問題が起きないように細心の注意、工夫をする必要がある。

設問12

Ａ弁護士は、Ｂ保険会社から、「退職した元従業員ＣがＤ保険会社に転職した。その後、ＣがＢ社勤務中に担当していた顧客の保険が、契約更新期間になっても契約更新されなかった。Ｂ社が顧客のもとへ行き、話を聞いたところ、顧客の一部が、ＣがＤ社に転職した旨の挨拶に来て、Ｄ社との保険契約をしたことを打ち明けた。しかし、多くの顧客は、契約更新しなかった理由を話してくれなかった。Ｂ社とＣとの間には、Ｂ社退職後２年間は、Ｂ社の顧客に対する勧誘行為をしない旨の雇用契約書が締結されている。Ｃが担当していた顧客でＢ社との保険契約の更新期間が到来するものが、これからも多数あることから、まずは、Ｂ社の顧客に対するＣの勧誘行為を防いでほしい」との依頼を受けた。

そこで、Ａ弁護士は、Ｃに対し、Ｂ社の顧客に対する勧誘行為は契約違反なのでやめるよう警告書を発送するとともに、Ｃの雇用主であるＤ社に対し、ＣがＢ社との契約に違反してＢ社の顧客に対する勧誘行為をしていることを伝え、Ｄ社からＣに対し注意指導するよう要請する書面を発送した。

このＡ弁護士の対応について、弁護士倫理上、問題となるところはあるか。

解題

Ｃ本人だけでなく、雇用主に通知を発送することで、Ａ弁護士が、名誉毀損で訴えられたり、弁護士会に懲戒を申し立てられたりする可能性がある。雇用主に対して通知をしなければならない合理的な理由、必要性を十分に検討する必要があろう。

設問13

Ａ弁護士は、担当していた民事事件が結審した後、裁判官から和解を勧められた。和解内容については、Ａ弁護士からみても依頼者にとって妥当なものと思われた。その日の裁判に依頼者は出頭していなかったため、Ａ弁護士は依頼者に電話をかけたが、依頼者は電話に出ず、連絡がとれなかった。そこで、裁判官に「依頼者と連絡がとれないため、次回に和解期日を入れてほしい。それまでに依頼者と協議して回答する」と話した。すると、裁判官は、「相手方が、今日、和解が成立するなら和解案を受諾するが、そうでなければ判決にしてくれと言っている。相手が、ここまで歩みよってきたので、この機会を逃さないで和解したらどうか」と、再度、和解を勧めてきた。

あなたがＡ弁護士なら、どうするか。

解題

弁護士が考えて妥当と思われる和解案であっても、依頼者によっては不満である場合もある。そもそも、和解を絶対にしたくないと考えている依頼者もおり、依頼者の了解なく和解を成立させると、後に弁護士に対する懲戒請求が起こるおそれがある。そのため、依頼者と連絡がとれず、了解が得られない以上は和解をしないのが基本であろう。

一方、依頼者との連絡がとれないことを理由に和解を拒否した後、依頼者に経過を報告して、依頼者から「どうして和解をしてくれなかったのか」と言われる可能性もあるため、和解を打診される可能性がある場合には、事前に依頼者と、どの範囲までなら和解してよいか協議をしておくことが必要である。

本設問は弁護士用の設問であるが、裁判官の立場なら、弁護士が依頼者の了解なく和解を成立させると懲戒処分の対象となり得るということを理解し、相手方に対し近日中に和解期日を設定するので了解してほしいと要請することも必要である。

設問14

加害者（被告人）は、事件現場から近い場所に職場がある。少年時代から強制性交の複数前歴あり。成人後も強姦事件で２度の服役をし、本件は前件で満期出所直後に犯した事件。

一方、被害者は新婚の主婦。被害者は、たまたま当日、夫婦で実家に立ち寄り、夕刻、被害者だけが実家で飼っている犬の散歩に出かけたところ、実家から近い道路上で、加害者の運転する車と遭遇し、車中に拉致されて強制性交の被害に遭い、さらにその後、離れた山林に連行されて殺害された。

死体の発見は、警察の捜索が開始されて２日後である。さらに、被害者が所持していた懐中電灯、犬の糞を処理する割り箸、着衣、靴などが点々と数か所に散乱していた。

事件後、４年半の間、捜査は難航していたが、偶然、犯行現場近くの廃棄物から採取されたDNAが、被害者の口腔内から採取されたDNAと一致したことから、加害者が割り出されることとなった。

被告人の自白の要旨は、以下のとおりである。

（1）第１犯行（強制性交）…「（加害者が）自家用車で退社後、『散歩したくなり』自宅とは逆方向の山中に向かい走行している途中で、犬と散歩している被害者を見かけ、無理やりセックスしようと思いたち、車から降りて『家まで送ってやる』と声をかけ、先に犬を無理やり抱きかかえて後部座席に乗せたら、被害者が助手席にしぶしぶ乗り込んできた。そこで、車を動かし、人のいない場所に行って、わいせつ行為を強要した。」

（2）第２犯行（殺人）…「その直後に被害者から『警察に言う』と怒鳴られたので、激高して殺意を生じ、山中に連れ込んで殺害した」

しかし、この自白内容のうち、被害者を車に乗せたとする場所は、割り箸等が散乱していた場所とはるかに離れた場所であった。また、車中でわいせつ行為をした場所も、着衣等の散乱していた場所とかなり離れた場所であった。

遺族は、犯行が実家の近所であったことから、犯人の自白により犯行現場とされている場所と遺留物の散乱場所が違うことに疑問をもち、つぶさに調査していた。

検察官は、被害者の夫などの聴取から、「被害者は見ず知らずの男の車に自分から乗り込むような人間ではない、最初から無理やり車中に監禁されたと思う。犯行場所も犯人が言っている場所と違い、物が散乱している場所だと思う」との供述を得ていた。

1　公判前整理手続の直前頃、被害者の夫は、犯行の端緒について、下記のとおりの内容を被害者参加弁護士に訴えていた。

加害者は会社を出るときから、犯行を計画し、運転しながら対象を物色していたのであり、「散歩」ではないこと、犯行の開始は暴行ないし脅迫による「車内拉致」であり、その場所は、懐中電灯（壊れた状態）と割り箸が散乱していた場所であること、そこで、加害者は被害者を凶器で脅して車中に拉致監禁したものであること、また、わいせつ行為をした場所も、被告人の言う場所でなく、下着が落ちていた場所（割り箸等が落ちていた公道から小道が通じている山中）の付近である。

被害者の夫にしてみれば、「見ず知らずの男の車に自分から乗り込むような妻ではない」と、加害者に貶められた被害者の人格、名誉を守るためでもあった。

あなたが被害者参加弁護士なら、このような遺族の訴えを聞いて、どのように行動するか。

2　被害者参加弁護士は、犯行の端緒について、弁護士名義で遺族の訴えを検察官に申し入れた（時期的には、公判前整理手続が開始直前頃の時期）。

しかし、検察官は、その申入れに事実上応えることなく、犯行の端緒から被告人の自白内容に沿った構成で冒頭陳述を準備していた。

他方、被害者遺族の中では、夫は強硬に検察官への再度申入れを主張していたが、父親が「訂正しなくても、十分に凶悪性が出ているから」との理由で、それ以上、この点を主張するのを躊躇した。

被害者遺族は、父親の意見に従って、検察官への再度の異議を断念した。

あなたが被害者参加弁護士なら、この時点で、どう行動するか。

3　被害者の父親は、被害者論告で、上記の拉致監禁は主張せず、ただ「運転開始当初からの計画性」は強く主張し、「死刑」を希望した（判決は無期懲役）。

判決言渡し後の遺族と検察官との面談で、遺族の一部から、検察官に対し「最初から凶器によって拉致監禁をしたうえでの強制わいせつ行為と殺人だったのに、検察官は、犯人の嘘の自白をうのみにして、計画性や凶悪性を無視したから、死刑にすることができなかった」との強い不満が出された。

あなたが被害者参加弁護士なら、遺族の不満にどう対処するか。また、あなたが被害者参加弁護士なら、この種事案で、死刑の判決を得ることは、犯情の悪質さを立証できても通常困難であることについて、家族にどう説明するか。

解題

本設問は、犯罪被害者の遺族が、裁判員裁判で、味方であると思っていた検察官と対立する場面があることについて問題意識を喚起してもらうものであり、この場合の被害者参加弁護士の対処を問うている。

内容は、検察官による「自白の偏重」の姿勢に関連している。

自白の偏重、物証の軽視は、検察官が陥りやすい病弊である。

「自白の偏重」は、冤罪事件のように被告人に不利に働く場合だけでなく、自白事件においては、逆の結果、被害者、遺族に不合理な苦痛をもたらすことがある。

すなわち、被告人の一方的な弁解をうのみにすることで、犯行の全容が曖昧なままで終わるだけでなく、犯罪の動機や端緒、犯情などを不当に被告人に有利にし、他方、被害者自身の名誉を害し、遺族に二次的な苦痛をもたらすことがあるということである。

この点に、被害者遺族と検察官の対立の根があることに、思いを至らせてほしいというのが、本設問の意図である。

また、犯罪の実行行為ではなく、犯情、情状に関する部分の自白に物証と矛盾があっても、無視してよいのだろうか。

本件の第１の犯行の直接の端緒として、被告人は、「運転中にたまたま犬と散歩している女性を見かけた。『送る』と言って、犬を抱えて車に入れたら、被害者が自分から車に乗り込んできた」との趣旨の供述をし、警察官と検察官は、その内容のままで被疑者調書をとった。

しかし、被害者遺族は、その自白内容に不自然さを感じており、「被告人が、最初から強姦目的で物色運転をし、被害者を脅迫して車中に強制的に拉致したうえで、わいせつ行為に及んだのを、自分に都合よく話をつくっているのではないか」との疑念を念頭に、自ら現場付近を調査していた。

当初からの計画的運転行為だったかどうかはともかく、すなわち「車中への脅迫的拉致」というのは、本設問で展開されているとおり十分な物証上の根拠があった。

検察官が、被害者遺族の「被告人の言う犯行の端緒は、物証と矛盾しているのではないか」との訴えに真摯に耳を傾け、関係する物証と現場の状況を再点検、再捜査していれば、本件では、それほど難儀せずに物証と矛盾のない認定に至ったのではないか。

また、被告人が脅迫による拉致を否認しても、物証で拉致の認定は可能であったはずである。

その場合は、被告人の情状は、より重くなったのではないか。

ちなみに、本件の被告人は、勾留当初から自白したのではなかった。

事件後、捜査は迷宮入りとなり、数年後になって、現場付近のごみから検出されたDNAがたまたま被害者の体から検出された体液のDNAと一致したことから、被告人の体液との一致にたどり着いたという、珍しい捜査経過をたどった。そのことから、捜査官の苦労は並大抵ではなく、頑強に否認する被告人を自白させる説得にも相当てこずったと思われる。

しかし、そのことから、捜査陣は「自白でめでたし」で終わってしまい、犯行の端緒の物証との矛盾の究明を軽視してしまった印象がある。

1　本件では、被害者参加弁護士は、遺族の訴えに対し、真摯に耳を傾ける姿勢が必要であり、犯行の端緒部分でも重要な情状事実に関する疑義があるのであれば、現場調査などをしたうえで、遺族の訴えに合理的な根拠があれば、その旨検察官に主張し、場合によっては再捜査の要請もすべきである。

2　現に、本件では、被害者参加弁護士は公判前整理手続中に、「物証再点検と犯行の端緒の見直し」を検察官に申し入れたが、検察官には無視された。しかし、被害者の父親は、それ以上検察官に追及をすることに消極的で、遺族がそれ以上の追及を断念した場合、被害者参加弁護士がとるべき対応は難しい課題である。
3　判決は、父親の予想とは違い無期懲役刑の言渡しだった。被害者遺族の判決の見立てが甘かったと思われる。遺族に対して、判決の見通しについて、当初、被害者参加弁護士からもう少し丁寧な説明が必要だったと思われる。そのことにより、検察官が捜査の見直しを拒否しているとき、検察官と被害者遺族との十分な協議の場を設けてもらうことも可能だった。

設問15

Ａ弁護士が依頼者甲から受任した訴訟事件は、甲が実兄の乙から甲乙の母親の遺産相続に関し、さしたる資産のない甲には到底支払えるはずもないような多額の金員の支払を請求された事件であった。甲乙とも高齢者である。

乙の請求は理由がないことが審理を通じてほぼ明らかになった。Ａ弁護士は、この際乙の請求には含まれない未分割の遺産の帰属についても一挙解決するべく和解案を乙に提示していたが、乙が入院している等の理由で乙の代理人からなかなか和解案についての回答が得られなかった。

実兄から巨額の請求を受けるということで、もともと甲の心理的な負担が大きいことはうかがわれ「早く訴訟が終わってほしい」と繰り返しその心情を吐露していたが、和解が遅々として進展しないため、甲はさらに精神的に不安定となりＡ弁護士に対しても不満を漏らすようになっていった。

和解期日でようやく乙から回答があったのでＡ弁護士が甲に報告しようと電話したが、甲は一向に電話に出なかった。心配したＡ弁護士は甲に手紙を送るなどして連絡を試みたが応答がなかった。

そうしたとき甲からＡ弁護士に書簡が届いた。開封したところＡ弁護士を訴訟代理人から解任する旨の通知書が入っていた。解任通知書は甲名義で作成されており、後任の弁護士等の記載は全くなかった。Ａ弁護士は解任はやむを得ないと考えたが、法的知識の乏しい甲が裁判所には代理人の解任を連絡していないかもしれないと考え、甲から解任届が出ているか裁判所に確認した。対応した担当書記官の話では「解任届は間違いなく出ているが、新たな代理人弁護士からの委任状は出ていない。そして解任届だけでなく甲作成の『請求の認諾書』も提出されている」

とのことだった。

Ａ弁護士は驚愕したが、民事訴訟法 266 条、すなわち、請求の認諾は口頭弁論で陳述する（同条１項）、認諾書を提出した当事者が口頭弁論等の期日に出頭しないときは裁判所はその旨の陳述をしたものとみなすことが「できる」（同条２項）、との定めを思い出し、その点を尋ねたところ、担当裁判官が電話に代わって出て「この訴訟の進行等から考えて裁判所として甲から直接意思を確認しない限り認諾書を陳述したとみなすつもりはない」と言明した。

1　このような状況で、自分がＡ弁護士であったとすればどのような対応をするか考えなさい。

2　Ａ弁護士は、このまま甲の請求認諾を座視することはできないと考え、甲に対し、再度自分を訴訟代理人に選任してもらい、請求認諾書を陳述しないようにしようと考え、甲に働きかけることにした。

このＡ弁護士の判断をどう評価するか考えなさい。

解題

弁護士と依頼者の関係に関する設問である。弁護士と依頼者の関係がうまくいかず、弁護士から見れば理不尽な解任に至ることもある。このようなとき通常であればそのまま依頼者との関係は終了することになるだろう。

依頼者が（弁護士のみならず一般の視点からしても）不合理な行動をしているときにどこまで関与するのが相当かを問題とした。

本設問の甲は勝ち筋の事件にもかかわらず、巨額の債務を負うことになる請求の認諾を選択した。甲が高齢であり、かつ厭戦気分が嵩じて精神的に不安定であった等の事情からすれば、弁護士として、たとえ解任されたからといってこのまま放置してしまってはよくないのではないかとも考えられる。一方で、甲にとっては争いを終えることが何より大事であって、そのためにたとえ支払えないような債務を負うことになったとしても（どうせさしたる資産もないことだし）かまわないという判断を甲がしたとしても、それはそれで尊重すべきともいえる。

このようなときに弁護士としてどこまで関わりを続けるのかは悩ましい問題である。依頼者に対する法的専門家としてのサポートと、依頼者の意思尊重のいずれを重視するかで結論は変わってくるのではないか。

また、解任後も甲の件に継続して関わることを決断したとして、どのようなやり方があるのか、Ａ弁護士のように再度に受任を働きかけることには問題はないのか等について考察することを期待する問題である。再度委任をもちかけることは、成功報酬目当てとの疑いを招きかねないが、さりとて、訴訟代理人にならなければ十分依頼者をサポートできないかもしれない。この辺りを考察してほしい。

column　ある弁護人の懺悔

当番弁護で待機中の私に出動依頼があった。被疑者は20代の男性で、嫌疑は強制わいせつだ。きょう逮捕されたばかりで、刑事弁護センターからの連絡によれば、センターに依頼したのは被疑者の婚約者で、接見に行く前に連絡がほしいとのことだった。その女性に連絡してみると、被疑者は会社員であり、婚約者が警察から聞いた話だと「被疑者は、酔っぱらって夜道を歩いているときに、前を行く若い女性に背後から抱きついた」ということらしい。婚約者はしっかりした女性で、自分以外の女性にこのような行為をしたにもかかわらず被疑者のことを心から案じていた。私は、強制わいせつという嫌疑からみて「抱きついただけではないな」と思ったがそのことは口にできずに接見に行った。

接見してみると被疑者は悄然としていた。話を聞くと酔った勢いで前を行く女性に抱きつき、下着に手を差し入れたということだった。事実関係を認めており、しっかりとした会社に勤めていて逃亡のおそれはないと考えた私は、まず勾留させないことを目標にした。

勾留質問の日の朝、被疑者の両親と婚約者と一緒に裁判所へ行き、その場で身柄引受書に署名してもらい、私の書いた上申書と一緒に裁判所に提出し、裁判官に面接して勾留の要件がないことを力説した。その甲斐があってか勾留は却下された。上々の滑り出しだったのだが……。

担当の検察官は、私に「たとえ被害者と示談できたとしても起訴する。起訴の予定日は勾留が却下されず認められたとした場合の20日目である」と述べた。つまり不起訴にするには、その日までに単に示談をまとめるだけではなく告訴の取下げまで獲得しなければならないというわけだ。教えてもらった被害者の連絡先へ連絡したが、はじめは会うことも断られた。何とか頼み込んで被害者の指定する場所で面談することができた。会ってみると被害者は若い女性でどことなく婚約者の女性に面影が似ていた。被害者は、突然我が身を襲った理不尽な暴力に怯え傷ついているのがよくわかった。話をしてみたが、とにかくもう忘れたい、関わりたくないと繰り返された。親告罪において告訴を取り下げることの意味を説明したうえで告訴の取下げをお願いしたが、もちろん拒否された。一瞬「起訴されたらあなたにも法廷に来てもらうことになる。いろいろと質問をさせてもらう」と言おうかという考えが頭をよぎったが、すぐに打ち消した。もし、起訴されたら検察官提出の証拠は全部同意して１回目の期日で結審するつもりだからそんなことをいえば嘘になる……。いや、正直に言えばこれ以上目の前の女性に嫌な思いをさせたくなかった。私は、被害者に「このまま何の合意もできなければあなたは何も受け取らずに終わることになってしまう。あなたはこの事件のためにさまざまな被害を被っている。こうして会いたくもない弁護士と会って話をしているのもそうだ。お金の問題ではないのはわかっているが、被害が少しでも償われるように示談金は受け取ってほしい」と話し、何とか示談金の受取は了承してもらった。告訴の取下げはやはり応じてもらえず、宥恕の文言を示談書に入れるのが精一杯だった。

次の日、仕事で来られない被疑者の代わりに事務所に来た婚約者に顛末を説明し、告訴の取下げをしてもらえなかったが示談はできたので、執行猶予は確実だと思うと述べた。婚約者が、被害者はどんな女性だったかと聞くので「どことなくあなたに似ていた。彼はひどく酔って朦朧としていたから、もしかしたら被害者をあなただと勘違いして抱きついてしまったのかもしれない」と話した。婚約者に信じてもらえたかはわからない。私自身がそうは思っていないのだから。

次の日、被疑者から電話がかかってきた。言いにくそうにもごもご話しているのでピンときた。

「私を解任して他の弁護士さんに依頼するのですね？示談金を負担させておきながら不起訴を勝ち取れなかった無能な弁護士は解任されて当然だと思う。あいまいな言い方をせずはっきり言ってください。」

すると電話の相手が代わった。婚約者だ。どうやら被疑者の隣にいて電話でのやりとりを聞いていたらしい。

「先生にはお世話になりましたが、期限まであと２日あるので最後まで告訴の取下げにチャレンジしたい。他の先生に弁護を依頼しました。

……先生はいつも私のことを気遣ってくれました。だからきっと被害者の方に対しても先生は気遣って傷つけないようにお話しされたんだと思う。それは女性としてはありがたいことなのだけど……。

多分先生は、彼のような男が大嫌いで許せないと感じているのだと思う。でも今は彼の弁護人なのだから彼のために全力を尽くしてほしかった。」

返す言葉がなかった。せめて引継ぎぐらいはお役に立ちたい。私は後任の弁護士の担当事務員に私の事務所に来てもらった。一件記録を引き継ぐとともにその場で被害者に電話して弁護人が交代することを説明し、後任の弁護人との面談に応ずることを被害者に了承してもらい、直ちに電話をその事務員に代わった。面談の時間と場所を決めているようだった。

またその次の日。

その事務員から電話があり、検察官に提出する書類に私の判子がいるというのである。よくわからないが先に提出した示談書が私が弁護人として署名押印していたかららしい。もちろん了承した。私の事務所に判子をもらいに来た後任の弁護人の担当事務員に、被害者との話はどうなったのか聞いてみた。

かなり苦労したが告訴の取下げに応じてもらったとのことだった。

あっぱれである。

私は、今感じているこの気持ちは 100%嫉妬だと思うことにした。

column エメリーボールと盤外勝負

アメリカのプロ野球、メジャーリーグの淵源は遠く19世紀に遡るそうだが、その長い歴史の中で数多の投手が創意工夫して数々の変化球を生み出してきた。カーブ、フォーク、ナックル……中には、その後禁止になった「魔球」もあった。スピットボールなどである。「spit」とは唾という意味で、投手が唾をかけたボールを投げるのである。ボールに異物を付着させることで重心がずれたり、空気抵抗が変わったりして、予測し難い変化をするのだという。その「進化形」がグリースボールだ。投手が帽子のひさしなどにグリースを塗っておいて、何気ないしぐさで指にグリースをつけて、ボールに付着させるのである。

紙やすり（エメリーペーパー）を使ったエメリーボールというのもあった。投手がグラブに紙やすりを貼っておき、ばれないようにボールに引っかき傷をつけるのである。ボールは回転するときに周囲の空気を付着させて周囲の空気も回転させる。ボールの表面に引っかき傷があると空気を付着させやすくなり、大きな変化をさせることができるのである。

これらの「魔球」はすべて野球規則で禁止となったが、今でもやっているのではないかと噂されている投手もいるらしい。

さて、次はボールゲームではなくボードゲームの話である。

ボードゲームにもいろいろあるが、囲碁や将棋は、偶然性がほとんど排除されているという特色がある。麻雀は配牌という偶然の要素が競技開始の時点で既に有利不利を生みそこからスタートするが、囲碁や将棋は競技開始の時点では互角である（強いていえば先手後手を決める「握り」や「振り駒」には偶然性が伴う）。

しかも、囲碁や将棋では競技に関する情報は競技者にすべて開示されていて秘匿された情報はない。ポーカーでは何のカードをもっていて、何を引いたかは対戦相手にはわからないが、囲碁や将棋では競技の進行による情報はすべて盤上に公開されている。

したがって、囲碁や将棋では勝敗は競技者の競技力以外にその要因を求めることはできず、競技者には言い訳はない。

とはいえ、棋士といえども人間であるから、何とか勝負を有利にしたいと思うのは人情であって、そこに盤外勝負が生まれる余地がある。盤外勝負といわれるものにもいろいろあるが、扇子をパチパチ音をさせて開閉するという地味なあたりから、主催者を巻き込んで対局場所を相手の苦手な寒冷地にするという大掛かりなものまでいろいろである（なぜそんなことが可能だったのかは「高野山の決戦」というワードで検索されたい）。盤外勝負については、棋士のマナーの問題と考えられているようであるが、ウィキペディアによればチェスでは明文で盤外勝負は禁止されているようである。「倫理から規範へ」の一例であろうか。

盤外勝負を一切しない有力な棋士もいた。最近はその方が多いのではないだろうか。

では、民事訴訟を追行する代理人にとって、エメリーボールや盤外勝負はあるのだろうか。

筆者のような化石弁護士は、電話会議すら制度としてなく、必ず裁判所に赴くことが必要だった時代を知っている。そのころは遠隔地にいる者を相手に提訴するときは、こちらが行きやすく相手は出席が大変な裁判所に土地管轄が来るように訴訟物を工夫したこともあったが、まあそれは盤外勝負の範疇でしょう。と、思いたい。今では通用しないが。

こちら側に不利な心証をもっているとうかがわれる裁判官が転勤することを聞きつけ、訴訟の引き延ばしを図るのはどう？後任の裁判官がどう考えるかわからないから盤外勝負にすらなっていないのかな？

また昔は、弁論の当日に準備書面や書証を提出することも珍しくなかった。当時の民事訴訟法は随時提出主義だったしね。それを知っている化石弁護士としては相手方が当日法廷で準備書面等を提出しても、いまだにそれやってんの、オールドファッションだな、とは思うけど、その程度の気持ち。でも、一緒に代理人している若い弁護士さんたちは結構むっとしているので盤外勝負として成立しているのかもしれない。裁判所が、前回の期日の終わりに、いついつまでに（大体、次回期日の１週間前くらいということが多い）書面は提出してくださいね、といってることが多いと思うが、それでも守らない代理人もいるよね。

あるとき法廷に着いたら、前の事件の弁論がまだ終わっていなかったため、傍聴席に座って自分の順番が来るのを待っていた。裁判所と前の事件の代理人とのやりとりを何となく聞いていたら、裁判長が「毎回書面の提出の時期について期日の１週間前にお願いしていますが、いつも当日に提出されていますね。弁護士の代理人にこういうことを申し上げるのは失礼だと思ってこれまで控えてまいりましたが、こういうことが続くようであれば、意図的に引き伸ばすためにやっているものと理解して、それなりの対応をとりますよ」と冷静に（これが怖かった）発言し、聞いていて内心震撼した。今までも提出時期に遅れないように努めてきたが、特にこの裁判所に提出する書面は、絶対に遅れてはだめだと心に誓った。公開の法廷で他の弁護士も聞いている場であんなことを言われたら立ち直れそうにない……

適時提出主義のもとでは、当日の準備書面提出は、もはやエメリーボールなのかもしれない。

column 点字ブロック

今、鉄道駅のプラットホームに点字ブロックがあるのは見慣れた風景になっているが、昔は、それがなかった。このため、目の不自由な人が、たびたび、ホームの境目がわからず線路上に転落し、電車にひかれて亡くなったり、大けがをしたりするという事故が繰り返されてきた。点字ブロックがあっても、ホームからの転落事故を完全には防げないことから、最近では、乗降客の多い駅にホームドアを設置するようにもなってきた。

なぜ、駅に点字ブロックが設置され、さらにホームドアも設置されるようになったのか、それには、転落被害者やその遺族、それを支援する人や弁護士たちの長い活動があった。

昭和 48 年８月、視覚障がい者が国鉄（現在の JR）大阪環状線の駅ホームから転落し、電車に引かれて両足を切断する事故が起きた。国鉄は、ホームに欠陥はないと主張して転落の責任を認めず、被害者らが要求した点字ブロック設置についても拒否をした。このため、被害者は、昭和 51 年７月、大阪地裁に国鉄の責任を追及する訴訟を提起したのである。

第１審は被害者が勝訴したが、その理由は電車の運転手に過失があったという予想外のものであったため、当事者双方が控訴し、控訴審は、駅に転落防止設備が必要であるとの理由で被害者の勝訴となった。しかし、最高裁は、設置又は管理の瑕疵に当たるか否かを判断するにあたっては、点字ブロック等の安全設備が全国ないし当該地域に普及しているか、当該駅の視力障がい者の利用度から予測される事故発生危険度、安全設備の必要性の程度、安全設備設置の困難性の有無等の諸般の事情を考慮する必要があるとし、高裁判決は、その点が考慮されていないとして、高裁判決を破棄差し戻すとともに、控訴審判決に基づき被害者が仮執行で得ていた約 2200 万円の賠償金の返還を被害者に命ずる判決を下した。この訴訟は、昭和 62 年４月に、差戻審の大阪高裁で、被害者が仮執行で得た賠償金の大部分を返還することで和解が成立し、10 年以上かかった訴訟が終了した。

東京でも、昭和 48 年２月、山手線高田馬場駅で視覚障がい者が転落し、電車に巻き込まれて死亡する事故が起きた。事故の２年後、遺族が訴訟を提起し、第１審で勝訴、昭和 61 年に控訴審で、国鉄が視覚障害を有する乗客の安全対策に努力する旨の和解条項の入った和解が成立した。

最高裁が示した点字ブロックの普及度など、事故当時の状況からすると難しい訴訟であったと思われる。また、両事件の被害者側弁護士が、10 年も要する訴訟活動に見合う弁護士報酬を得られたようにも思われない。しかし、両者の訴訟活動を契機に、各鉄道会社もホームの安全対策を進めることになってきたもので、弁護士が、このような訴訟活動に携わったことは、大変に意義のあったことだと思う。

第2節 裁判官倫理

第1 裁判官の職務の特徴

裁判官の職務の特徴はどのようなものでしょうか。我が国の制度や法令等からその特徴を探ってみましょう。

1　裁判のもつ意味

裁判所が担当するのは「日本国憲法に特別の定のある場合を除い」た「一切の法律上の争訟」（裁判所法３条１項）です。ごく限られた例外（裁判官の弾劾など）を除いては法律上の争訟はすべて裁判所で審理の対象となります。

公正取引委員会や労働委員会など、行政機関も限られた分野については「法律上の争訟」を取り扱います（いわゆる準司法機関）。しかし、この場合には当該委員会等のなした判断について、裁判所でその当否を争う道が用意されています（裁判所法３条２項）。これに対し、裁判所の判断を他の機関が取り消したり変更したりすることは認められていません。裁判所の判断は終局的なものであり、民事訴訟の当事者間では判決確定後は主文で示された法律関係を争うことができず、事後の法律関係の前提となります。

たとえば、ＡがＢに 100 万円を貸し付けたとして、その返還を求め、全面勝訴の判決を受けて確定したとします。その場合、ＢはもはやＡに対して 100 万円は借りていない、借りたけれど既に全額返した、と主張することはできません。真実は（別の言い方をすれば、神の目からみれば）100 万円は既に全額返したのであって貸金債権は既に消滅しているのだとしても、勝訴判決がある限りこの結論には変わりはありません。

誤った判決により、真実と異なる法律関係が当事者間に設定されてしまったわけで、考えてみれば恐ろしい話です。誤判が重大な結果をもたらすことは、無実の人に有罪判決を下してしまった場合を想定すれば容易に理解できますが、民事訴訟であっても重大さに違いはありません。

このように裁判所は、法律上の争いであれば広く一般に解決の場となり、裁判所が下した結論は最終的な解決の指針となるわけですから、裁判は「正しい裁判」であることが極めて強く求められます。このことは当然のことではありますが、もう一度確認しておきたいと思います。

2 「正しい」裁判とは

では、「正しい」裁判とはいかなる裁判のことでしょうか。

裁判が、具体的な紛争を法律の適用によって解決するものであることは、先ほど述べたとおりです。世の中には「貸したお金を返してくれない」「借家契約が終了したのに立ち退いてくれない」など紛争の種は尽きることはありません。しかし、約束したとおりお金を返してくれたり、立ち退いてくれたりするケースの方がはるかに多いのです。

契約が履行され、権利が実現することは何ら珍しいことではありません。これは皆さんの周りをみれば実感できることでしょう。皆さんが代金を払えばきちんと商品を受け取れませんか？皆さんはアパートの家賃を毎月遅れずにきちんと払っていませんか？

権利は、絵空事やきれいごとなどでは決してなく、この世の中を現実に規律しています。多くの場合、権利は強制されることなく、それ自身の力で実現していきます。権利は実在しているのです。

例外的に権利が侵害されたときは、侵害された権利は回復・実現されなければなりません。裁判はその過程ですから、実在する権利をまず発見することが裁判所の使命となります。権利は、要件とされる事実を具備することで発生、変更、消滅しますから、権利を見い出すとは、権利の要件となる事実を見い出すことにほかなりません。要件とされる事実があったのか、なかったのか、本当のところどうだったのかを探ることが裁判官の大きな使命となります。

このような考えを実体的真実主義といいますが、刑事訴訟においては実体的真実主義は当然のことと考えられています。無実の者が処罰されることなど、あってはならないのです。

これに対し、民事訴訟については、実体的真実主義と異なる考えをもつ人もいます。

民事訴訟には弁論主義があり、主要事実について自白があったときは裁判所は自白と異なる事実を認定できませんし、当事者に主張立証責任がありますから、訴訟当事者の訴訟の進め方によっては裁判所が真実と思ったとしてもその事実を認定できないこともあるので、実体的真実主義は民事訴訟には当てはまらないと考えるわけです（形式的真実主義）。この考えは訴訟観としては傾聴すべきものがありますが、民事訴訟の実情からみれば次の点が指摘できます。

まず自白ですが、自白する場合というのは、たとえば交通事故による損害賠償請求訴訟の訴状で「令和○○年○月○日に□□において原告の運転する車両と被告の運転する車両が衝突した」との主張があったときに、答弁書で「認める」と述べるようなケースです。このような場合に否認することなど（自分が事故と全く関係がないと争うようなケースでもない限り）無意味であることはおわかりいただけるでしょう。

要するに、真実であることが極めて明らかであり、それゆえ当事者間で争いがない事実だからこそ自白するのであって、事実かどうかについて原告と被告の間で見解の相違があるときにわざわざ自分に不利な主要事実を認めるはずなどありません（いわゆる間接事実については些末な相違を問題にすることは煩瑣であり審理を長期化するとの戦略的な観点から、あえて争わずに認めることはあり得ます）。自白は、当事者の主張が真実であることを強く推認させる行為だというべきでしょう。

また、当事者の訴訟の遂行が稚拙で、主張すべき事実を主張しなかったり、提出すべき証拠を提出しなかったりしたために、真実が認定されないことは確かに起こり得ることです。しかし、それを良しとするかは別の問題です。この考えを突き詰めていくと、当事者は、自分の委任した代理人が「へぼ」だから勝つべき訴訟に負けたとしても甘受しなければならないということになります。そのような考えには抵抗があるからこそ、訴訟活動と真実との乖離を埋めるために裁判所の釈明権の限界であるとか、はては釈明「義務」までが論じられてきたのではないでしょうか。

民事訴訟の基本原則として弁論主義や処分権主義がある以上、裁判官が実体的真実の追及を貫けない場合があることは形式的真実主義を論ずる人の指摘するとおりでしょう。ただ、いまここで論じているのは訴訟観ではなくて裁判官の倫理です。裁判官はさまざまな制約の中で可能な限り真実に迫ることが職務上求められており、現実の裁判官もその職責を十分理解しているように思います。民事訴訟であっても、ただ当事者の主張に基づき、当事者の提出した証拠を用いて「仮想の」「形式的な」真実を認定すれば足りると考えてはいないと思います。

3　規範的要件

法律の要件の中には「罪証を隠滅すると疑うに足りる相当な理由」などのように抽象的な定めをしているものもあります。また解釈で「信義誠実の原則に反しないような特段の事由」があるかどうかといったような、抽象的な事実の有無が結論を左右するとされることもあります。

過去の事実、歴史的事実はあったのか、なかったのかのいずれかであり､それが認められるかどうかは証拠の評価等によって決する問題です。

これに対し、上記のような抽象的・規範的な事実は、根拠となる具体的事実を総合して有無を判断することになります。根拠となる事実としてどのような具体的な事実があればよいのかは、過去の裁判例等が参考になりますし参考とすべきです。しかし、いかに考慮すべき要素等が平準化されていたとしても、裁判官の裁量の余地、裁判官の価値判断が投影される余地は残るのではないでしょうか。

過去の事実の有無の認定は、極端な言い方をすれば、誰が裁判官でも同じ結論になるべきものですが、抽象的・規範的事実の認定は裁判官によっては答えが違ってきてもおかしくはないものです。そのようなときにも裁判官は判断すべき責務から逃げるわけにはいきませんから、自らの信じるところを行くしかありませんが、その際には法曹の使命の根幹である「法の支配」「基本的人権という価値の実現」に立ち返って考えることが１つの道しるべとなるように思います。

４　司法権の独立

裁判官が、内外の圧力や恫喝あるいは懐柔や利益誘導などにさらされていたのでは正しい裁判など望むべくもありません。裁判官は、圧力等から遮断され、静謐な環境で安んじて職務に集中できることが求められるというべきです。

そのために、多くの国では「司法権の独立」が大原則として保障されています。我が国では憲法上の明文で司法権の独立が保障されていることは既に述べたとおりです。

裁判官が圧力や誘惑に負けてしまっては論外というべきですが、裁判官が職務に精励しても誤った裁判は起こり得ます。それを避けるためには、事実認定を誤らないために証拠の評価等の技術を高めることや、法令等に精通するといった裁判官としてのスキルを磨くことが必要です。しかし、ここではそのような技術的な観点ではなく、裁判官倫理として何か論ずべき点はないのかという観点で話を進めていきたいと思います。

裁判官は事件を選ぶことができませんから、どんな事件が配点されるかわかりません。大規模な裁判所所属の裁判官だけに難事件が来るとは限りません。憲法上の重要な論点がある事件の第１審判決が地裁の支部で言い渡されたこともあります。

「正しい裁判をしなければならない」という使命感が「間違った裁判をしてはならない」という重圧になったとき、いわゆる難事件（たとえば憲法上の論点を含む事件、争点の判断についての前例がない事件、政治的な対立を含んだ米軍基地や原発等に関する事件又はマスコミ等に広く報道され社会の関心を集めた刑事事件など）を担当するときに「間違いをした」といわれるのを恐れて自分が本当に思っていることによらず、大勢順応型・先例踏襲型の判断に傾くきらいはないでしょうか。

第１章でも例を出しましたが、いわゆる非嫡出子の相続分が嫡出子の２分の１とされていた民法の規定は、最高裁により違憲と判断され、その後民法も改正されました。この最高裁違憲判決が出る前に、非嫡出子からの申立てを判断する中で、この規定は正義に反していると感じた裁判官はいなかったのでしょうか。違憲判決の前に最高裁は合憲判決を出していますが、それ以降は、もはや結論が出た話だから、本心では不当だと思いつつもあえて火中の栗を拾って悪目立ちしたくないと思った裁判官は全くいなかったのでしょうか。耳元でささやくコオロギをつぶしてしまった人はいませんでしょうか。

「すべて裁判官は、その良心に従ひ独立してその職権を行ひ」とする憲法 76 条３項は単なる美辞麗句ではないのです。

裁判官は、証拠から事実を認定することについて日々修練していますから、世の人々が裁判官なら真相を明らかにしてくれると期待するのもわかります。しかし、裁判官も人間ですから、証拠が乏しければどれだけ眼光紙背に徹しても事実の認定ができない場合もあるはずです。認定不能の場合は立証責任（刑事事件では「疑わしきは被告人の利益に」の原則）で決着をつけるはずですが、裁判官が認定不能を率直に判決で語る例は少ないように感じます。証拠が乏しいのに「筋」であるとか「座り」であるとか、それ自体は裁判官が職務経験を重ねてきた蓄積として大切に扱うべき感覚かと思いますが、それを用いたときの判断過程が可視化しにくいものを用いて事実認定をしているように見受けられることがあると思います。

裁判では、証明を要する事実、すなわち主要事実や構成要件事実を証拠により直接証明できないこともしばしばであり、その場合には証明された間接事実と経験則を駆使して主要事実等の証明まで到達できるかが問題となります。主要事実に至る連鎖の１つの環が証拠上弱いときに「筋」「座り」等の裁判官の経験からくる感覚をもって証拠の弱さを補うことはないでしょうか。多くの経験からもたらされる感覚は、多くの実例を基礎としているだけに平均的・確率的には頼りにして間違いないのでしょうが、これに頼りすぎると例外的な事例、特殊な事例もあり得るということに対する謙虚な姿勢を失わせかねません。

平成 14 年に大阪市平野区のマンションで発生した母子殺人放火事件で、無罪を争う被告人の有罪を認定した大阪地裁及び大阪高裁の判決を破棄し、差戻しを命じた最判平成 22・４・27 刑集 64 巻３号 233 頁〔28166786〕は、「情況証拠によって事実認定をすべき場合であっても、直接証拠によって事実認定をする場合と比べて立証の程度に差があるわけではない」「直接証拠がないのであるから、情況証拠によって認められる間接事実中に、被告人が犯人でないとしたならば合理的に説明することができない（あるいは、少なくとも説明が極めて困難である）事実関係が含まれていることを要するものというべきである」と判示しました。そのうえで詳細な検討を行い、最高裁は大阪地裁（大阪地判平成 17・８・３判タ 1326 号 166 頁〔28105428〕）が、「証拠上認定できるいくつかの間接事実が相互に関連し合ってその信用性を補強し合い、推認力を高めている」として被告人の犯行を認定したのに対し、被告人が犯人でないとしたならば合理的に説明できない事実関係が存在するか否か審理が尽くされていないと判断しました。

証拠から間接事実を認定し、その間接事実から主要事実を認定するという論理の連鎖の中のどこかで、もし説得力が弱い部分があったとしたらどうでしょうか。鎖全体の強さはその鎖の最も弱い環の強さに等しいのです。無理な事実認定が誤判のもとになることも十分あり得ます。

全力を尽くしても事実の認定ができないときには、率直にそれを認める勇気が必要ではないでしょうか。

難しい事件にあたったとき、裁判官も人間ですから、判断回避の誘惑に駆られることは人情として理解ができることです。間違った判断だとして上訴審で破棄されようものならば当該裁判官のキャリアに大なり小なりのダメージがあってもおかしくありません。誰もそのような危険は冒したくないものです。

そのために転勤間際であることを奇貨として、弁論の終結を先送りにして後任の裁判官に当該難事件を「置き土産」にしたのではないかと憶測されることを耳にすることがないとはいえませんが、もし本当にそうならば裁判官としてあるまじき行為だといわねばなりません。

民事訴訟法や民事訴訟規則等では当事者等には一定の期間内に行為しなければ失権するという定め（典型的には上訴期間の定め）がいくつか置かれていますが、裁判所を羈束する期間の定めというのはほとんどありません（例外としては、たとえば民事訴訟法 251 条 1 項。しかし、同項にはただし書があるうえ、判決言渡期日の変更は可能です）。立法者の意思として、裁判所には時間に追われることのない環境で熟慮してもらう必要があることと、法令で期間を制限しなくとも裁判所ならば適時になすべきことをするはずだという信頼が置かれている、とみるのは穿ち過ぎでしょうか。難事件であろうと言い渡すべき時期が来た判決は言い渡さねばならないのです。長期間にわたり裁判の進行がストップしていた高田事件（最判昭和 47・12・20 刑集 26 巻 10 号 631 頁〔27760987〕）はかなり特殊なケースですが、そこで最高裁判決が述べている「迅速な裁判を受ける権利」は本質的には刑事事件に限られるものではないと思います。

判断回避の誘惑という意味で、もっとよく耳にする話が強引な和解の勧めです。裁判上の和解であれば、判決と違い裁判所が判断を示す必要がないうえ、上訴され破棄されるおそれもないのですから、裁判官あるいは裁判所にとって判決よりも和解の方が歓迎されるというのは理解できます。

しかし、和解にすべきか判決にすべきかは、裁判官や裁判所の都合により決まるものではなく、あくまでも紛争の実態からみてどちらによる解決が望ましいかによって決すべきでありましょう。

和解を勧試したが、当事者が受け入れないときは裁判官は無理な説得を断念して速やかな判決言渡しを図るべきです。

第２「裁判上の和解」という職務

では、先ほど述べた「判決ではなく和解による解決が望ましい」とはどういう場合でしょうか。

判決が、基本的には既に存在している権利義務を見い出す作業であるのに対し、裁判上の和解は新たな権利義務関係を創造する作業になります。したがって、判決よりも和解がよい場合とは、既に存在している権利よりも、紛争解決の観点からみてより良い権利義務を設定できる場合ということになります。

判決では、原告と被告の間での解決にしかなりませんし、判決の対象は訴訟物たる実体法上の請求権に限定されます。しかし、紛争は必ずしも実体的な請求権で包摂できるとは限りません。訴訟物たる請求権は紛争の一部について規律できるにすぎない場合もあるのです。

これに対して和解であれば、第三者を利害関係人として参加させることもできますし、現に存在する請求権を離れて紛争解決のために相当な法律関係を設定することもできます（法律関係とはいえないような「遺憾の意の表明」のような当事者間の心情の対立の解消につながる条項を盛り込むことまでできます）。

このように、事案によっては判決よりも和解による解決の方が相当ですが、和解が合意を基盤にする以上、裁判官は説得の域を超えることはできません。したがって、まずは当事者が和解による解決を希望するのかを確認すべきものと思います（多くの場合、当事者は、当初は「和解をするかどうかは内容次第である」と表明すると思いますが、その程度の同意があれば和解の勧試には十分でしょう）。

裁判官は、当事者双方の和解案の調整に努めるばかりではなく（金銭の支払請求のような場合には満額の支払を求める原告と、これを「値切ろう」とする被告との間で裁判官は調整役をすることが主な役目となりましょう）、裁判官が、当事者の発想にない解決の枠組みを提案することがあってもよいでしょう。

裁判官が、主体的に関与することも認められるべきですが、いかに客観的にみれば優れた和解案であっても、当事者が納得しないのであれば断念せざるを得ません。

当事者の意向を見極めて、和解の成立が困難と判断したときは、速やかに打ち切って判決へと訴訟を進行すべきであり、自己の和解案に固執して説得の域を超えた無理な働きかけは、たとえ真摯に紛争の解決を願う思いからであったとしても、してはいけません。

第3　公平性について

江戸時代の町奉行の大岡越前守は、与力や同心を指揮して犯罪の捜査にあたり、検挙した「下手人」を「お白洲」の場で裁いていますが、近代社会での裁判ではこのように訴追する者と判断する者が同一ということはありません。

刑事事件に限らず、裁判所は紛争の当事者とは一線を画し、第三者性を保つようにしています。裁判官が紛争の当事者と（原告、被告、被害者等）と一定の親族関係がある場合には除斥されることを定めた民事訴訟法23条や刑事訴訟法20条はその表れです。

さて、大岡越前守は、冤罪を連発したのでしょうか。もちろん実証的なデータがあるわけではありませんから断定的なことはいえませんが、一般的には大岡越前守は名奉行として高く評価されています。つまり、公平な裁判所かということと、正しい裁判をするかということはイコールというわけではありません。

なぜ公平性が求められるのかといえば、裁判に対する信頼を保つためです。裁判官が原告の子であったとすれば、正しい判決がなされることを被告に信頼してもらうことなど無理な注文でしょう。

それでは「公平な裁判」とは何でしょう。憲法37条１項は「すべて刑事事件においては、被告人は、公平な裁判所の迅速な公開裁判を受ける権利を有する」と定めています。最高裁判所大法廷判決（最判昭和23・5・26刑集２巻５号511頁〔27760020〕）で同項の解釈として「『公平な裁判所の裁判』とは偏頗や不公平のおそれのない組織と構成をもった裁判所による裁判を意味する」と論じられています。

では、上記最高裁判決の説くような組織と構成をもった「公平な裁判所」による裁判であれば、常に「公平な裁判」といえるのでしょうか。

ここで少したとえ話をしてみましょう。スポーツの国際試合では、審判は試合をする当事者国でない国、第三国から選ばれるのが通例です。しかし、実際の試合において当該審判が一方のチームの反則に見えるプレイをすべて流し、他方のチームのプレイには厳格に反則をとったとすれば公平な審判とは思ってもらえず、次回からは重要な国際試合でその審判が起用されることは期待し難いでしょう。

このように、「公平」な裁判とは単に裁判所の組織や構成の問題ではなく、訴訟の進行、訴訟指揮にも関係してきます。

それでは裁判官は、訴訟において両当事者に対し常に同等に接することが求められるのでしょうか。たとえば貸金請求事件で、裁判官の目からすると消滅時効期間が経過しているのに被告が時効の援用をしないときにそのまま請求認容の判決をしてよいのでしょうか。

この種の問題はしばしば釈明権の問題として論じられますが、法の解釈の問題であると同時に裁判官倫理の問題でもあります。

先ほどは裁判をスポーツの試合にたとえましたが、両者には大きな違いもあると思います。スポーツの試合は、その結果はやってみなくてはわかりません。どんなに強豪でも負けることはありますし、大きくリードをしていても逆転されることもあります。はじめから勝利を要求する権利など選手やチームにはありません。

起用した選手が普段の実力を発揮できなかったり、信じ難いミスをしたりして試合に負けたとしても、それも含めてスポーツの試合であるとして結果を受け入れなくてはなりません。

これに対して裁判は、実体的真実を基礎にして関係する法令を適用すれば、はじめから勝つべきものは決まっているはずです（ここでの議論は裁判を単純化した、理念的なものとして聞いてください）。

裁判は、いわば勝つべき者の勝利というあらかじめ決まっている結果に向かって進行していく過程です。

勝つべき者にとっては、法的に保障された権利が認められることが重要ですが、負けるべき者にとって重要なのは、自分の言い分を述べる機会及びその言い分を検討してもらう機会が手続上保障されることではないでしょうか。それがあってこそ敗訴という結論を自らに受け入れさせることができるのではないでしょうか。

訴訟の進行における公平性とは、そのような意味であると考えます。したがって、当事者の法的知識の欠如や証拠の偏在等により、勝つべき者が負けるような訴訟追行がなされているとき、当事者主義や弁論主義等の名目でこれを裁判所が放置してよいとは考えにくいです。

さて、先ほど「勝つべき者ははじめから決まっているはず」といいましたが、現実の紛争の正しい解決を導くための実体的な請求権は１つとは限りません。

たとえば、甲が乙に責任のある所為によって損害を被ったときに、債務不履行に基づく損害賠償請求権を主張できると同時に不法行為に基づく損害賠償請求権も請求できる場合があります。原告である甲が、債務不履行のみを主張しているときに、裁判所としては債務不履行は認定できないが、不法行為ならば認定できると考えた場合に裁判所はどうすべきなのでしょうか。

これは、いわゆる訴訟物論争に関係しますが、その背景には紛争解決の場で期待される裁判所の役割はどこまでなのかという問題もあるのです。

さて、さらに進んで、紛争の解決の仕方について、たとえば解雇が争われているときに、職場に復帰することを求めるのか、金銭的解決なのかは、当事者が決めるべきことでしょう。仮に裁判所が原職復帰よりも金銭的解決がよいと考えたときは和解によってその実現を目指すのが相当でしょう。

第４　品位の保持について

既に述べたとおり、裁判官は職務の内外を問わず品位を失うようなことをしてはいけません。職務内の、品位を失う行為が許されないのは職業倫理として当然であり、どの職業についてもあてはまることでしょう。職務外の行為であっても、一般の市民が行っても強い非難を受けるような行為、たとえば他人に暴力をふるったり、電車の中で痴漢をしたりすれば品位を失う行為となるのは当然でしょう。

そうすると問題となるのは、職務外であるが、一般の市民であれば許容される行為であるのに、裁判官が行った時には品位を失う行為と判断されるものがあるのかということになります。

裁判官は、具体的な法的紛争を法を適用して解決すべき職務を負っています。法的紛争には、現実の血肉をもった人の苦悩が避け難く付着しています。したがって、その解決は何より正しい解決でなければならないことは繰り返し述べたことですが、正しい解決であるだけではなく、その解決をもたらす人、すなわち裁判官がどういう人なのかも問題となり得ることでしょう。裁判官が手にもつものが妖刀であってはなりませんが、名刀をもってもその手が汚れていたのではよくないでしょう。

このように、品位の保持とは、裁判官が「よき人」であるとの信頼がひいては裁判に対する信頼を補強するので、そのために求められると考えると、職務外の品位を失う行為になるかどうかは、当該行為自体の非難されるべき程度と当該行為の職務との関連性の程度との相関関係で線が引かれるように思います。

先に挙げた暴行や痴漢のような行為は、非難の程度が大きいために全くの私生活上のことであっても品位を損なうものと評価されるのが相当です。また、社会的相当性を欠く、儀礼の範囲を超えるような高価な贈答品をもらうことは、それ自体としては非難の程度は必ずしも大きいものではありませんが、贈り主が自分の担当する裁判の代理人となり得る可能性のある弁護士であったような場合には品位を失う行為と評価される可能性が出てきます。

それでは、国民には保障されている言論の自由をはじめとする自由の行使はどうでしょうか。これは非難されるべき行為であるどころか、むしろ保障されている行為なのです。したがって、これが品位を失う行為と評価されるとすれば、職務に直接関連する等の例外的な事情が必要というべきでしょう。

原発に関連する訴訟を担当している裁判官が当該原発に反対するデモに参加したとして、初めて議論の対象となるにすぎないと考えます。

裁判官は法曹の一翼を担う存在であり、法曹は基本的人権の擁護を職務とするものですから、自らが基本的人権の行使に対し消極的であることは、社会に対し萎縮効果すらもたらすといわねばなりません。

さて、令和３年６月に、新たな裁判官弾劾罷免訴追がありました。

裁判官弾劾裁判所のウェブサイトによれば、訴追の実例は昭和 23 年以降 10 件目で、令和３年の件は本稿執筆時点で審理中ですが、その余の９件は結論が出ていまして、罷免となったのが７件、不罷免が２件です。罷免となった７件のうち私生活上の事由を理由とするものは５件です。その中身をみると，官名詐称（軽犯罪法１条 15 号違反）、児童買春など、裁判官が行ったのでなくとも犯罪その他の重大な非難に値する行為であることがわかります。

これに対し令和３年の訴追は、被訴追者は、自分が担当していない刑事事件と民事事件に関してＳＮＳに書き込みする等して、いずれも裁判官分限法により最高裁判所から戒告の処分を受けたが、上記分限裁判を申し立てられ、審理中にも、あるいは戒告処分を受けた後にも、さらにＳＮＳに書き込みする等して、刑事事件の被害者遺族の感情を傷つけたり、民事訴訟を提起した者の社会的評価を不当に貶めたりした、というのが訴追の事由の要旨です。

裁判官が、職務以外のＳＮＳの書き込み等を理由に訴追されたのは初めてです。どのような結論となるのか予断を許しませんが、兵庫県弁護士会や栃木県弁護士会が、罷免しない判決を求める趣旨の会長声明を出しています。いずれの声明も、裁判官にも表現の自由が保障されていることを指摘して、罷免とする判決がなされれば、いわゆる萎縮効果や裁判官の独立に対する適切ではない影響が生じることを強く懸念しています。

また東京都立大学の木村草太教授の論文「岡口裁判官への弾劾訴追は妥当かー訴追状を読む」世界 951 号（2021 年）も同様の視点から不罷免とすべきと論じています。

第５　訴訟指揮と釈明と裁量

第１「４　司法権の独立」でも指摘しましたが、民事訴訟法等の法令で裁判所が訴訟手続等に関して羈束されることはそれほど多くはありません。もちろん、確定した移送の裁判が移送を受けた裁判所を拘束する（民事訴訟法 22 条１項）ように例外もありますが、裁判所には「民事訴訟が公正かつ迅速に行われるように努め」る責務がありますから（民事訴訟法２条）その責務を果たすためにある程度広範に裁量が認められていると解してよいでしょう。裁判長にいわゆる訴訟指揮権（民事訴訟法 148 条１項）を認めているのはその表れでしょう。法廷等の秩序維持に関する法律は、裁判所又は裁判官に、一定の要件のもとで、身柄の拘束の一種である監置に処する権限も認めています。

裁量の範囲内であれば、当不当の問題はあるせよ、違法合法の問題はありません。裁量の範囲内で何をなすべきか、あるいは何をなすべきでないのかは倫理の範疇でしょうが、裁量の範囲外であれば何をなすべきか、あるいは何をなしてはならないのかは、法の解釈の問題でしょう。

一応、両者の守備範囲は、以上のように定式化できるとしても、両者の境界は流動的です。はじめは倫理の問題であったもの、「○○しなくてもよいのだが○○した方が望ましい」というようなことが、次第に、「○○すべきである→○○しなくてはいけない」となっていくと、倫理から法的な規範へ変化していく現象がみられます。

民事訴訟法の泰斗の新堂幸司先生が日弁連法務研究財団の理事長を退任する際の講演で最判平成 22・1・20 民集 64 巻１号１頁〔28160142〕を題材に「法的観点指摘義務の確立」というテーマで講演されています（JLF NEWS NO.49）。

新堂先生は「従来、弁論主義という民事訴訟法上の原則は、『なんじ事実を語れ、されば法（権利）を与えん』という諺がありますように、基本的には事実についてのルールであります。法律のほうは裁判官が職責上知っている、だから、どういう法的論点から判断しようと裁判官の勝手だ。当事者はそれに従え、というような発想がずっと伝統的に残っていて、弁論主義も、そういう事実の主張を巡ったルールであったわけです」と語っています。

この伝統的なルールですが、例を挙げると次のようなことでしょうか。

訴訟物たる実体法上の請求権は、原告が設定するわけですが、訴訟物が決まれば、請求原因、抗弁、再抗弁等は決まっていきます。しかし、抗弁等が一種類だけとは限りません。契約の履行を求める訴訟で抗弁として契約の解除を主張したときに、その「解除」なる主張は、債務不履行解除をいわんとするときもあれば、クーリングオフにより契約が終了したという趣旨の場合もあり得るでしょう。もちろんそれぞれの要件は違いますが、訴訟において、両方の抗弁の要件事実が事実としては主張されていた場合に、被告が債務不履行解除だけを主張していてもクーリングオフを認定してもかまわないというような事態を指しているのでしょう。裁判所の職責として、勝つべきものが勝つような判決をすべきなのであり、そのためには、当事者の主張する法的構成には拘束されない（従ったのでは勝つべきものが負けてしまう）という考えは首肯できるところではあります。

しかしながら、当事者にしてみれば、特定の法的構成を前提にして攻防を繰り広げてきたのに、いざ判決をもらってみれば、それとは違う法的構成で判断されたとなれば、勝った方は望外の喜びでしょうが、負けた方にしてみればなかなか承諾し難いものがあるでしょう。

新堂先生は講演を続けます。

「最近は、法律的な構成、法律的な判断枠組みについても、当事者に十分に議論させる機会を与えるように、釈明権を行使していくべきだと論じられるようになりました」「釈明権の行使すべき範囲は、単なる事実の存否についての争いだけではなくて、法律の枠組みについても、裁判官がそれを指摘して、当事者に関心を持たせ法律論についてもじっくりと議論をさせることを保障する、そうすることがまさに手続保障という名に値する、という発想です」

上記最高裁判決は、法的観点指摘「義務」を認め、釈明権行使を怠った違法があるという枠組みで原判決を破棄差戻ししました。

伝統的な弁論主義の考えからは、法律的な構成についても当事者に十分議論をさせるようにすることは義務ではなく、裁判官の倫理あるいはマナーの問題であったものが、法的な義務に「昇格」した例であるとみることもできるでしょう。

そうすると、たとえば裁判所の和解の進め方については、現在特に具体的な規範があるとは意識されていませんから、倫理の領域に属しているのでしょうが、今後もし和解の進め方についての規範意識の高まり等があれば、倫理から規範へとなるかもしれません。

設問１

（本章「第１節　弁護士倫理」設問２と同事件）Ａは、帰宅途中に居酒屋で飲み過ぎ、電車で眠り込んで、自宅のある町の駅を乗り越し、終点の駅まで来てしまった。駅ホームの電光掲示板に、終電車の時刻と思われる表示がなされていたため、自宅方向に行く終電車が来るのを待つことにしたが、ホーム上に何人かサラリーマン風の男がいて、そのうちの１人がベンチに座ったまま寝込んでいるのに気がついた。男のそばには、男の持ち物と思われる大きな鞄があり、その状態だと盗まれるおそれがあると思い、男に声をかけたが、男は全く起きなかった。ホーム上に駅員が見えなかったので、Ａは、終電車が来る前に駅の改札の駅員に声を掛け、男の面倒を見てもらおうと思ったが、鞄を置いたままだと、その間に盗まれるかと思い、男の鞄を持って、駅員の所まで行こうと歩き出した。数歩、歩き出したところで、当日、置き引き犯罪の取締りをしていた警察官に現行犯逮捕され、その後、検察官から裁判所に対し勾留請求された。

1　裁判官は、Ａに対する勾留質問を行ったところ、Ａは、前記の話をして窃盗の故意を否認した。Ａに前科前歴はなく、定まった住居も定職もあり、扶養している同居の家族もいて逃亡のおそれも見当たらなかった。また、窃盗の嫌疑についても、被疑者が鞄を持って数歩、歩いたところで逮捕しているため、駅の改札口から外に出ておらず、果たして、改札口の駅員の所に本当に行こうとしたのか否か、Ａの外形的な行動からは故意の有無を判断できないと思った。

　あなたが裁判官なら、勾留請求を認めるか。

2　裁判所は、Ａに対して 10 日間の勾留を認めたが、その後も、Ａは窃盗の故意を否認し、Aの弁護人から裁判所に対し、Aは窃盗の故意がなく無実であること、酒に酔った状態で駅の改札口から男の大きな鞄と自分のバッグを持って外に出ても遠方の家に容易に帰る方法がなく、鞄を持ち逃げすることが考えられないこと、前科前歴がなく住居も定まっており、定職についていて金銭に困っておらず窃盗の動機もないこと、勤務先会社が繁忙期で早急に仕事をしなければならないこと等を理由として勾留取消請求をした。

あなたが裁判官なら、弁護人の勾留取消請求を認めるか。

3　裁判所が弁護人の勾留取消請求を認めなかったため、Aの勾留が続いたが、Aは10日間の勾留期間中、否認を続けていたところ、検察官は勾留満期直前に、さらに10日間の勾留延長請求をした。そこで、弁護人は、再度、裁判所に対し、Aが無実であることとともに、Aの事件当時の行動は一般私人ではなく、警察官がすべて目撃して現行犯逮捕しているので証拠隠滅のおそれがないことから勾留延長すべきでない旨の意見を提出した。

あなたが、裁判官なら勾留延長を認めるか。

4　裁判所は、Aに対する勾留延長を認めたが、勾留延長期間は、土日を含む5日間しか認めなかったところ、検察官は、平日の夕方にAが勾留されている警察署に行き、Aから、「盗むつもりで男の鞄を持ち出した。動機は、その場の出来心で、鞄の中に何かお金になるものがあるのでないかと思った。駅を出てからの帰宅の方法については、酔っていて深く考えていなかったが、タクシーでも拾えばよいと思った」旨の供述を引き出し、その旨の自白調書を作成して、Aを窃盗で起訴した。

これに対し、Aの弁護人は、保釈申請をしてきたが、弁護人の保釈申請にはAが罪を認めているのか否かの記載がなかったため、裁判官は、弁護人に対して、公判において罪を認めるのか否認するのかと問い合わせをした。

これに対して、弁護人が公判では否認する旨回答した場合、あなたが裁判官なら保釈を認めるか。

解題

１　住居も定まっていて、逃亡のおそれもないが、否認しているという場合、裁判官は勾留請求を認めるか否かという問題である。罪証隠滅のおそれという勾留の要件について、否認しているということだけで認めてよいのか、それだけでは足りないという場合には、どこまでの具体的な事実が必要か、考え方により、無実の被疑者を相当期間拘束する結果となったり、あるいは、罪証隠滅が行われて犯罪の立件が困難になり犯罪者を処罰できなくなったりするかもしれない。

２、３　勾留開始後の捜査で明らかになってきた事実関係のもとで、再度、勾留の是非について、裁判官として、どう対応するべきか考える問題である。

４　保釈申請に対して、裁判官は、どのように対応するべきかという問題である。被告人が罪を認めている場合、保釈申請書に、「被告人は罪を認めて反省している」旨の記載があることが多いが、本件では、その記載がなかったので弁護人に問い合わせをしたものであるが、裁判官は、弁護人の回答を保釈の判断にどこまで考慮するべきか検討することになろう。

設問２

（本章「第１節　弁護士倫理」設問４と同事件）妻が夫に対し、離婚と子供の親権者を妻とすること、及び、子供の養育費を求めている裁判で、裁判官が妻の主張は正当であると判断し、和解期日で、夫に対して、妻の求める内容を基本とする和解ができないか打診したところ、夫は「離婚と子供の親権者を妻とすることについては了解するが、養育費は払わない。もし、養育費の支払を命ずるようであれば、妻と子供を殺す」と言い出した。夫の態度は、冗談ではなく、本当に妻や子供に危害を加えると感じられるものであり、もし、この話を妻に伝えると、妻は恐怖心を抱き、養育費の請求はしないで和解するかもしれないと裁判官は思った。

あなたが裁判官なら、和解を打ち切るか。それとも、夫の話を、そのまま妻に伝えて､夫の言う条件で和解をするか打診をするか。あるいは、それらとは違う対応をするか。

解題

このようなことが裁判所で起こることはあり得ないと思う人も多いかと思うが、この設問は実際にあった事例をもとにしている。

夫に対して、それは脅迫になること、殺害行為に及んではいけないこと、養育費の支払は親として子供のためにするものであることなどを説明して、夫に注意し、妻に夫の話を伝えない裁判官もいれば、養育費の支払を命ずると本当に夫が殺害行為に及ぶかもしれないと考え、夫に対して注意はするが、夫の話を妻に伝え、そのうえで、和解を打ち切るか、和解をするとした場合に、どのような和解をするか、妻の判断に委ねる裁判官もいると思われる。

設問３

Ａ裁判官は、選択的夫婦別姓を認めない法律は違憲ではないかという民事裁判を担当した。Ａ裁判官は、個人的には、選択的夫婦別姓を認めない法律は、時代の趨勢から今日では違憲ではないかと内心では思っている。しかし、最高裁で、違憲ではないという判決が出てから、まだ、期間もそれほど経過していないため、違憲の判決をしても、上級審で覆される可能性があり、また、自分の出世にも影響が出るのではないかということも思った。

あなたが裁判官なら、違憲の判決を書くか。

解題

自分の出世に影響が出るのを恐れて判決を書くのは、裁判官として論外であるが、最高裁の判決を尊重するのが裁判官としての良心と考えて違憲判決を見送るという考え方もあれば、違憲判決を書かないのは正義に反するとする考え方もあろう。

設問4

（本章「第１節　弁護士倫理」設問９と同事件）Ａ弁護士は、商品売買代金請求の被告事件（買主側）を受任し、裁判では錯誤無効を抗弁として主張立証した。第１審判決は、売買契約が被告（買主）の錯誤で無効とされ、全面勝訴した。

敗訴した売主側が控訴し、控訴審の第１回期日終了後の和解協議において、裁判長から被控訴人代理人に対して「現在提出されている証拠では、明確に錯誤成立の認定は難しい。原判決変更の可能性がある。和解で妥協点を検討した方がよいのではないか」と指摘した。

しかし裁判長は、事前の合議において、「控訴棄却」の結論を得ていた。

Ａ弁護士は、第１審の審理経過に自信をもっていたが、依頼者にその旨伝え、相談をしたところ、被控訴人は、訴額の約１割強（100万円）の金額を控訴人に支払うことで和解に応じる意思を示したので、訴外で、控訴人代理人Ｂ弁護士と協議し、100万円の和解で妥結し、後日、裁判所で和解を成立させた。

1　裁判長の和解勧試の仕方、発言内容（単純にいえば、双方に対して「このままでは負ける」と言って和解を勧めている）を、どう思うか。

2　あなたが裁判長なら、控訴人にはどのように和解を勧めるか。
また、被控訴人側には、どのように和解を勧めるか。

解題

1　和解における裁判官の心証開示と説得材料

裁判官の和解勧試の際の説得方法については、事案が複雑な案件では、双方に「立証が完全とはいえない」と指摘することは多く、この点を和解協議の場で「双方」に対しての説得材料とすることはよくある。

しかし、審理の終結段階での心証開示は、その説明の仕方によっては、一方の側にとって不当なことがある。

その代表例は、心証と違う内容を開示することであろう。端的には「嘘」になる。

裁判官が、双方に「判決になったら、負ける」と言って和解を勧める場合、どちらかに嘘をついていることになる。一部勝訴が考えられない本件の場合、０か 100 かの選択をつきつけられながら、しかも控訴審では後がない検討を、代理人と本人は強いられる。

裁判所は、このような説得の仕方を考え直すべきである。

2　双方に対する打診の仕方について

控訴審は、当事者双方にとって事実上後がない決断を迫られる。

裁判官の心証の内容にもよるが、原判決を維持するにしても変更するにしても、心証が固まっているのであれば、双方に、率直に正しい心証を開示すべきである。

また、心証が未定であったとしても、その理由を率直に説明し、不足している主張や立証の問題点を指摘すべきである。

そのうえで、和解の妥結点を探るべきである。

設問５

脱サラを考えていた甲は、飲食店のフランチャイズを展開する乙社のウェブサイトを見たところ「乙社のフランチャイズに加盟すれば開店後１年間はたとえ売上が不振であっても一定額の利益は補償し、実際の利益との差額は乙社が負担する」と記載されていた。

甲には上記の利益補償の点が心強く思えたため、乙社に連絡して利益補償の点を確認した。

乙社の担当者からウェブサイト記載のとおりであることの説明を受けたので、安心した甲は脱サラして乙社とフランチャイズ契約を締結して飲食店を開業した。

開店後、やはり売上が不振だったので、甲は乙社に対し補償を請求した。乙社ははじめの２か月は補償に応じていたが、その後は甲の経営努力が足りないなどと理由をつけ、一切補償に応じなかった。甲は、乙社に再三、利益補償契約の履行を求めたが、支払はなかった。資金繰りの限界に達した甲は飲食店を閉店した。

甲は乙社とのフランチャイズ契約を解約し、乙社に損害賠償を請求したが乙社が応じなかったので、弁護士に委任してＡ地方裁判所に損害賠償請求の訴訟を提起した。

Ａ地方裁判所の審理では、乙社は甲の経営努力が足りないことが売上不振の原因であり、このような場合まで補償義務は負わないなどと主張したが、Ａ地方裁判所は原告の請求を全部認容する判決を言い渡した。なお、弁論を終結する前に裁判所は和解を試みたが、被告が支払能力の関係で請求額のごく一部しか支払えないとして譲らなかったため、和解を断念した経緯がある。

その後、乙社は控訴し、Ｂ高等裁判所で審理することになった。

控訴審では第１回口頭弁論が行われ、直ちに口頭弁論が終結し、判決言渡期日が指定された。それとともに裁判長は、左陪席のＪ裁判官を和解の担当に任命した。Ｊ裁判官は、甲代理人と乙代理人から和解の意向を確認した。甲代理人は、原審判決の認容額に近い額でなければ和解には応じられないと述べた。Ｊ裁判官は続いて乙代理人から意向を聞いたが、やはりごく少額の和解でないとできないというので和解成立の見込みがないと判断し、和解を打ち切った。

そこで、Ｊ裁判官は控訴審判決の起案に着手したが、記録を検討するうちに、継続的契約である利益補償契約の解除には遡及効はないので、賠償すべき「損害」としては契約解除後に生じた損害だけであり、原判決の認容した請求のごく一部が認められるに過ぎないのではないかとの問題点に気づいた（以下ではＪ裁判官の上記の考えは正しいものとして検討しなさい）。

なお、上記の問題点については原審で乙社は一切主張していないし、原審裁判所が問題とすることも全くなかった。乙社が提出した控訴理由書にもその点は全く触れられていなかった（Ｊ裁判官は、破棄差戻しすべきかについても検討したが、原審で審理は尽くされており差戻しは相当ではないと判断した）。

以下はこの判断も正しいものとして検討しなさい。

1　Ｊ裁判官は熟慮の末、和解で解決すれば様々な問題は回避できると考え、合議体に上記の問題点を報告することなく和解を再度勧試することにした。

このＪ裁判官の判断はどのように評価すべきか。

2　Ｊ裁判官は、まず甲代理人に電話して再度和解を勧めた。甲代理人は、従前の立場を変えなかったので、Ｊ裁判官は上記の原判決の問題点を説明して譲歩を求めた。甲代理人はＪ裁判官の説明自体は理解したが「なぜ控訴審の第１回口頭弁論でその点を問題にせずに弁論を終結したのか。このまま破棄自判するならば審理不尽で上告することも辞さない」と述べた。

Ｊ裁判官はさらに説得を続け、ようやく頭金としてある程度の額が支払われるのであればその余は長期分割でもよいという線で甲代理人の了解を取り付けた。

そこでＪ裁判官は、乙代理人に電話してその線での和解を勧めたが、その際に上記の原判決の問題点については全く乙代理人には告げなかった。

このＪ裁判官の行為をどのように評価すべきか。

3　Ｊ裁判官の説得にもかかわらず、控訴人の譲歩が得られなかった。そこでＪ裁判官は考えた末に、上記の原判決の問題点については合議体に報告しないまま型どおりの控訴棄却判決を起案し、合議体に提出した。

このＪ裁判官の行為をどのように評価すべきか。

解題

本設問において、乙社は正当な理由もなく甲との約定に反して利益補償を怠ったのであるから、甲は救済されるべき立場にあるといえるだろう。したがって、第１審判決は結論としては相当であるという評価も可能であろう。

しかし、Ｊ裁判官が気づいたとおり、解除の効力（遡及効がないこと）についての見落としがあり、そもそも訴訟物の選択からして誤りがあった（解除前については利益補償契約の履行を、解除後については損害の賠償を、それぞれ請求すべきであった）ということができる。通常このような場合、被告からこの点を論難されるか、あるいは、裁判所から釈明を求められ、原告の側でも問題点に気づいて訴えの変更等の手続を取り、実体法に則した形で争点が再設定され、適正な審理が行われるはずである。

ところが本件では原告代理人はもとより、被告代理人も原審裁判所もこの点を看過してしまい、その結果、訴訟物として選択された請求権に対する実体法上の判断としては相当ではないが、救済されるべき甲が救済されるという意味では「相当な」判決が言い渡されてしまったわけである。

このような状態で被告から控訴がなされたものの、この論点には言及がない控訴理由書であったこともあって、控訴審の裁判官らもこの論点を見逃してしまった。本件の主任であったＪ裁判官のみならず、合議体では原審の記録は検討しているはずだから裁判長も右陪席裁判官もみな同じミスをしてしまったわけである。

もし誰かが気づいていたら、少なくとも合議体でこの問題をどう扱うか議論となり、何らかの結論が出たはずである。

さて、控訴審の弁論が終結し、判決の言渡し期日が指定された段階で問題に気づいたＪ裁判官としては、どうすべきであったかが、本設問の検討課題の中核となる。

法的正当性を重視して控訴人（被告）すら問題としていない論点を持ち出して救済すべき甲の救済を拒否するか（念のためにいえば、控訴審で原判決を取り消して請求の大部分について棄却する判決を言渡しても、損害賠償請求権についての判断に過ぎないから、甲が改めて利益補償契約の履行を求めて提訴するルートは残されているのであろう）、甲の救済を重視して法的問題点には目をつむるのかという問題である。これに、自分自身を含めた裁判所（控訴審のみならず原審も含まれる）のミスを表に出せるのかという人情としては切実な問題もある（特に原審の裁判官にとっては、このような言い訳の利かないミスで自分の言渡した判決が取り消されたとなれば、今後の裁判官としてのキャリアに様々な点で影響が出る可能性もある)。

1　上記のように正面からこの問題に対処しようとすると様々な難問に直面するため、Ｊ裁判官が和解を考えたのも理解できるところではある。

しかし、和解を裁判所の苦境を回避するための抜け道として用いるのが相当なのであろうか。特に本件では一回Ｊ裁判官は和解を試みて断念している。この点も含めどう考えるのか、和解を選択すべき場合とはどのような場合であるのか等についてよく考えてほしいというのが出題の意図である。

また、この段階で合議体に報告しないことの是非についても考えてほしい。

2　和解の勧試におけるやり方の問題である。一方当事者（被控訴人：原告）には問題点を指摘しているのに、他方当事者（控訴人：被告）には問題点を伏している。本件のようなケースでは控訴人に問題点を明かせば和解成立は極めて困難となることは予想に難くない。このような場合にどこまで当事者間の公平を図るべきなのか等につき考えてほしい。

3　和解も拒否されたＪ裁判官は、すべて自分一人の腹に納めて控訴棄却の判決を起案した。この点をどう評価するか、解題の冒頭で提示した問題が問われることになる。

さまざまな観点からよく考えてほしい。

設問６

甲簡易裁判所のＡ裁判官は、訴額 15 万円の金銭請求訴訟を担当している。原告Ｘは高齢であり、かつ、甲簡易裁判所からは遠方に居住しているのでＸの長男Ｊを訴訟代理人とすることの許可を申し立て、Ａ裁判官はこれを許可した。

被告Ｙは弁護士Ｌを訴訟代理人に選任しているが、弁護士ＬはＹの親戚であり、懇願を拒否しきれずに受任したものであった。

審理を進めたところ、請求原因は認められたが、Ｙの反論がこれまでＡ裁判官が聞いたことがない構成をとるものであり、Ａ裁判官は文献を調査したがこれについて論ずるものは見当たらなかった。Ａ裁判官は、自分なりに検討して、Ｙの主張は容れられずＸの請求は全部認容するのが相当だと考えるに至った。Ａ裁判官はある程度心証を開示したうえで当事者に和解を打診した。Ｊは「Ｘは全額支払ってもらいたいといっている」と繰り返し、減額等の譲歩はしなかった。Ｌは「判決ならばともかく和解で全額認めることなどあり得ない」と減額を前提とする和解でなければ応じられないという立場であった。Ｌは親戚のＹに懇願されて手弁当で代理人業務を行っており、敗訴しても控訴はしないと明言していた。

そうするとＸ全部勝訴の判決をした場合、Ｙから控訴されず確定する可能性が大きいが、Ａ裁判官は「簡易な手続により迅速に紛争を解決するものとする（民事訴訟法 270 条）」とされている簡易裁判所が、Ｙの主張に対するリーディングケースとして残る判決をするのが相当なのか考えあぐねていた。

Ａ裁判官は、職権で甲地方裁判所に移送する（民事訴訟法 18 条）ことを検討したが、甲地方裁判所に移送した場合には弁護士でないＪはＸの訴訟代理人になることができない（民事訴訟法 54 条１項）から、Ｘ

は自ら甲地方裁判所に出頭するか、弁護士を代理人に選任するかしなければならない。高齢で遠方に居住するXが甲地方裁判所に出頭するのは困難であるし、少額の訴訟において代理人を選任することは費用倒れになる可能性が大きい。

1　以上の状況で、A裁判官はどのようにすべきか考えてほしい。

2　A裁判官は、和解により解決するのが相当と考え、Jに対し、少々減額して和解してはどうか、もし全額の請求を譲れないのであれば甲地方裁判所に移送することもあり得ると説得した。この行為をどのように評価するか考えてほしい。

解題

1　本問は、判決をするのか和解を勧試するのかにあたって裁判官がとるべき行為を問うものである。

簡易裁判所は、比較的少額な紛争を迅速に解決しかつ一般市民が自ら訴訟追行できるよう、様々な特則を設けている。

しかし、争点に関し法律上の判断をすることについて、簡易裁判所が地方裁判所に劣っていると位置づけられているわけではないだろう。仮に、リーディングケースとなるような判決は簡易裁判所は避けた方がよいと言えたにせよ、いま担当している紛争の解決という裁判官の職責を凌駕するだけの意味があるかは疑問に思われる。

2　本件の場合、和解を勧試すること自体が相当ではないとはいえないだろうが、原告に対する説得として、地方裁判所への移送とそれに伴う原告の負担を持ち出すのは行き過ぎではないだろうか。本件の場合、和解が判決よりもメリットがあるのは原告よりもむしろ裁判所であるという感を否めない。

column　わりと最近の、アメリカのはなし

一般財団法人法曹会の会報誌「法曹」の2019年3月号の35頁以下に気になる記事が載っていたため、紹介する。なお記事の要約についての文責はすべて本稿の筆者にある。

記事の筆者は、判事補在外研究員としてスタンフォード大学のロースクールで平成29年7月から平成30年7月まで研究をされていた佐藤貴大裁判官である。記事は、佐藤裁判官の在外研究員の任期中に、カリフォルニア州のサンタクララ郡を管轄する州第一審裁判所であるサンタクララ郡上位裁判所に所属するA裁判官のリコールつまり解職が住民投票にかけられ可決された件を報告したものである。

記事の中でも詳細な解説があるが、カリフォルニア州の上位裁判所の裁判官は原則として住民による選挙で選ばれる。そして住民投票による解職の制度もある。日本の感覚では「裁判官が選挙？」である。まして解職となると「？？」。

さすがに裁判官が解職に至るのはまれなようで、カリフォルニア州では86年ぶりの解職だったそうだ。

さて、A裁判官は何をしたのだろうか。

スタンフォード大学の学生で、水泳選手として将来を嘱望されていた甲が、2015年に同大学の構内でアルコールの影響により意識のない女性に対して性的暴行をしたとの容疑で逮捕・起訴された。甲の審理を担当したのがA裁判官だった。甲は、被害者の同意があったと否認していたが、陪審により性的暴行につき有罪の評決が下され、量刑手続に移った。カリフォルニア州の刑法によれば、刑罰の上限は懲役14年で下限は懲役2年であったが「異常」かつ「当該人物に保護観察が認められることが最も正義の要請にかなう場合には」刑務所への収監に代え保護観察に付すことが認められていた。

検察官は、懲役６年を求刑した。Ａ裁判官は、６か月間の刑務所での懲役とそれに続く３年間の保護観察を命じた。

この事件は、名門大学の学生による性犯罪ということで世間の注目を集めていたようであるが、Ａ裁判官の量刑判断は甘すぎるとして多くの批判が寄せられた。批判の中には甲が名門大学の学生、白人男性、優秀なアスリートであることから有利に扱われたのではないか、というものがあった。さらに、性犯罪の被害女性に対する配慮が不足しているのではないかという批判もあった。

スタンフォード大学のロースクールの教授らは、Ａ裁判官の解職申立てに必要な住民の署名を集める運動を始めた。この運動は支持を集めたが、他方でこの運動を批判する法学者や弁護士さらには現職の裁判官も少なからずいた。

そして、2018年４月にはスタンフォード大学のロースクールで解職の是非をめぐる公開討論会が開催された。賛成派及び反対派は次のような論陣を張った。

（解職賛成派の意見）

裁判官の解職は例外的な場合においてのみ認められるべきであるが、Ａ裁判官は甲の事件を含め、少なくとも５件の事件において、白人男性や大学生アスリートを優遇して過度に軽い量刑判断をしたり、他方では性犯罪者の被害女性、特に白人でない被害女性を冷遇する判断を示したりしてきた。

Ａ裁判官には「偏見のパターン」（pattern of bias）があることは明らかであり、解職が認められる例外にあたる。

（解職反対派の意見）

司法の独立の重要性に鑑みると、偏見のパターンが認められるというだけで解職が認められるべきではない。裁判官が、偏見により不当な判断をしたのであれば、上訴によって是正されるべきである。

また、Ａ裁判官は、2000件もの事件を担当してきたのであり、偏見があると断ずることもできない。

なお、解職反対派の中にもいろいろな意見があり、Ａ裁判官を評価するわけではなくＡ裁判官の任期が満了する2020年の選挙で再任を阻むことを期待する人もいた。

このように、議論はあったが、結局のところ住民投票が行われ解職賛成が多数となった。

以上が記事のあらましであるが、この記事を読んでどうしても考えてしまうのがこれが日本だったらどうなるのかということである。

日本では、裁判官の身分は保障され、住民投票による解職の制度はない（最高裁判所の裁判官については国民審査の制度はある）。

もし、人種差別等の思想を有する、基本的人権を軽視している裁判官がいたとして、その自らの思想ゆえに相当とは言い難い裁判を連発したとしたら？

１つの考えとして、このような裁判官に対しては裁判官弾劾法あるいは裁判官分限法を適用できるというのがあり得る。しかし、裁判官のなした裁判の内容を理由として、弾劾したり懲戒したりして裁判官の思想統制につながらないだろうか。「上ににらまれる判決はやめておこう」となってしまわないだろうか。

では、問題のある裁判は、個別に上訴等で取消変更等すればよいという考えはどうだろうか。この場合、問題のある裁判によって生じるおそれのある事態を排除・修正するにとどまり、問題の原因たる当該裁判官自体は放置し、その結果、今後も問題のある裁判の生産を容認することになりかねない。

裁判官の独立とは、裁判官が本来高い法曹倫理を有していることを想定し、裁判官がその高い法曹倫理に従って職責を果たすために、外部からの圧力等から裁判官を守るための制度ではないだろうか。裁判官が圧力のない状況のもとで、自らすすんで職責に反する行為をすることは想定しているわけではないため、そのような事態になると途端に対応に苦慮してしまう。

読後の結論としては平凡であるが、法曹倫理の重要性を再認識した次第である。

column かなり昔の、日本のはなし

板倉勝重（1545 年～ 1624 年）は、江戸時代初期に幕府に任じられ京都所司代を務めた。京都所司代の職務はいくつかあるがその中に現代の裁判官に相当するものがあった。板倉勝重は名裁きで評判であり、後世にもその名声は伝わっている。

ある日、勝重は自室に長男を呼び、勝重がそのころ抱えていた難しい訴訟案件について説明し、長男の意見を求めた。長男はしばし沈思黙考していたが「私の考えを申し上げるのは明日にさせてほしい」と申し出て退室した。勝重は続いて次男を自室に呼び、同じように意見を求めた。次男はたちどころに理路整然とした意見を述べた。

次の日長男が勝重の部屋に来て留保していた自分の意見を述べたが、それは前の日に次男が述べた意見と同じであった。

この話を耳にした周囲の者は次男の明敏さを称賛したが、勝重の見方は違っていた。

勝重は見抜いていたのである。長男もまた最初の日に次男と同じ結論に達していたことを。そして長男は自分が思いついた意見を直ちに述べることをよしとせず、いったん退出して文献等にあたり、自分の意見が独りよがりのものではないことを確認して初めて意見を述べたのだということを。

歳月がたち、勝重は幕府に対し京都所司代を退任したいと申し出た。幕府は退任を了承したが、後任を推薦するよう勝重に求めた。

勝重が推挙したのは長男であり、勝重の後任として京都所司代に任命された。

父勝重をも凌ぐ名裁きの逸話を残す、名裁判官・板倉重宗の誕生である。

～岡谷繁実『名将言行録』玉山堂（1870 年）より

column 裁判所の電気

令和３年９月 27 日、Ｙ地裁の法廷で行われた刑事事件の公判前整理手続において、著名な刑事弁護人がパソコンを法廷内の電源コンセントに接続しようとしたところ、裁判長が、国の電気であることを理由に、これを禁じるという出来事が起きた。

弁護人のブログによると、経過の概要は次のとおりである。

1　裁判長が「公判前整理手続を始めましょう」と告げ、弁護人がパソコンと電源ケーブルを取り出し、法廷の弁護人席近くにある電源コンセントにケーブルを挿そうとしたところ、裁判長が弁護人に対し、「国の電気ですから、私的とか、仕事上かもしれないけど、自前の電気でやってください」と法廷内電源の使用を禁じたので、弁護人は、電気使用を禁ずる命令は、訴訟指揮による処分か裁判長に確認したうえで、この命令は、弁護人の援助を受ける権利を侵害する違憲違法な処分であるとして異議を申し立てた。

　これに対し、公判前整理手続を実施した裁判長ともう１名の受命裁判官が合議のうえ、弁護人の異議申立てを棄却する決定をした。

2　そこで、弁護人は、この棄却決定に対する抗告の申立てを東京高裁にしたところ、法廷電源の使用は許されない旨告げたことは認めるが、公判前整理手続開始前のやりとりで、弁護人の異議を棄却する決定もしていない旨のＹ地裁裁判長の意見書を根拠に、高裁は「本件抗告の申立は存在しない決定に対するものであり、不適法である」との理由で弁護人の抗告を棄却した。

　このため弁護人は、最高裁に特別抗告の申立てをしたが、最高裁は刑事訴訟法 433 条の抗告理由に当たらないとの理由でこれを棄却した。

3　最高裁の棄却決定で確定した高裁の決定は、弁護人の異議に対して地裁が棄却決定をしてはいないという理由であったため、弁護人は、その後、改めて、Y地裁に対し、9月27日に裁判長がなした裁判所の電気を使用してはならないとの処分に対する弁護人の異議に対する決定を刑事訴訟法309条3項に従って速やかにするよう請求した。

そうしたところ、裁判所、弁護人、検察官の臨時の三者協議が開かれ、冒頭、裁判長から、弁護人の訴訟活動にパソコンの使用が不可欠であること、そのため法廷電源の使用が必要であることについて配慮が足りず、一律禁止したことを謝罪する言葉が述べられ、三者協議で、①法廷電源使用禁止処分を撤回する、②裁判所は、今後、当事者から法廷電源を使用したいとの申出がある場合、特段の事情がない限り制限しないことが確認され、弁護人は電源使用禁止処分に対する異議申立てを取り下げた。

この出来事に対し、元裁判官の木谷明弁護士が事務所報にて「到底信じられない本当の話」というタイトルで、この出来事を紹介し、今日、パソコンは弁護活動に不可欠なツールで、裁判所の判断は時代錯誤も甚だしいこと、そのうえ、裁判所の判断は弁護人の公的性格を無視していると評しているが、全く同感である。

裁判長は、司法研修所の刑事裁判教官も務めたことがある法曹歴28年のベテランの裁判官で、公判前整理手続に同席した、もう1名の裁判官も、裁判長の電源使用禁止発言を制止しなかったことをみると、少なからず、裁判官たちの意識の中に、弁護人の弁護活動は私的な商売という考えがあるのではないかと思われる。

刑事裁判は、国選弁護事件でなくとも、制度的に、裁判官、検察官のみならず、弁護人の協力がないと成り立たないもので、このような出来事があると、裁判官は少なくとも3年程度の弁護士活動を経験してから任命するような制度を考えたくなる。

木谷弁護士は、さらに、高裁が、弁護人とのやりとりが「公判前整理手続が開始される前」とか「異議を棄却する決定もしていない」旨の裁判長の意見書を前提として弁護人の抗告を不適法と認め、最高裁も特別抗告を棄却したことについても次のように批判している。

「私も（裁判官時代に）法廷で（この弁護士と）何回も相まみえたことがある。同弁護士の『自分は裁判所から正式な棄却決定を受けない限り引き下がらず、着席することも有り得ない』という主張は、私の記憶にも合致し極めて説得力がある」「やりとりが公判前整理手続開始後のことであったこと、及び弁護人の異議が裁判長によって棄却されたことは到底否定できそうもない。それなのに、裁判所はあったことをなかったことにして、手続調書にも記載していないという。そうして、高裁は明らかに不合理と思われる裁判長の意見にそのまま乗ってしまい、最高裁もこの重大問題に一切介入しようとしなかった。」

第3節 検察官倫理

第1 検察官の職務の特徴

1　検察官の職務の特徴はどういうものでしょうか

検察庁法等には、検察官の職務に関する条文がいくつかあります。

> 検察庁法第４条〔検察官の職務権限〕
> 　検察官は、刑事について、公訴を行い、裁判所に法の正当な適用を請求し、且つ、裁判の執行を監督し、又、裁判所の権限に属するその他の事項についても職務上必要と認めるときは、裁判所に、通知を求め、又は意見を述べ、又、公益の代表者として他の法令がその権限に属させた事務を行う。

> 検察庁法第６条〔検察官の捜査権〕
> 第１項
> 　検察官は、いかなる犯罪についても捜査をすることができる。

> 刑事訴訟法第 247 条〔検察官起訴独占主義〕
> 　公訴は、検察官がこれを行う。

> 刑事訴訟法第 472 条〔裁判の執行指揮〕
> 第１項本文
> 　裁判の執行は、その裁判をした裁判所に対応する検察庁の検察官がこれを指揮する。

これらの条文から、検察官は犯罪を捜査し、公訴を提起し、裁判（≒

刑）の執行を指揮する権限を有していることがわかります。

まさに検察官は、刑事事件のはじめから最後までを守備範囲としているといってよいでしょう。

２「公益の代表者」とは何だろう

検察庁法４条は、その後半で、検察官が「公益の代表者」として「他の法令」がその権限に属する事務を行うと定めています。

「他の法令」の例としてよく挙げられるのが、人事訴訟法 42 条などです。いわゆる「職務上の当事者」といわれる類型などです。

しかし、公益の代表者であるという性格は、何も「職務上の当事者」の場合に限られることではなく、刑事事件を扱う場合にも、当然検察官に帯びている属性であると思います。

「公益」とは、個人や団体の私益を超えた社会全体、あるいは国家的な利益を指すもので、刑事事件はまさに公益に関わる分野であるといえます。

このことを窃盗を例に挙げて考えてみましょう。

財貨やサービスの正当な配分・帰属は法の定めるところによります。Ａが代金を払って動産を買えば、その動産はＡの物になり、保有したり使用したりすることについて法の保護を受けます。もし、ＡからＢが当該動産を盗んだとすれば、ＡはＢに対して盗まれた動産を返還するよう請求する権利や、場合によって損害賠償を請求する権利が認められ、Ｂが返還しないときなどには、裁判等を通じて最終的には国家が助力して強制的に返還や損害賠償を実現させます。私法は、Ａの個人的利益として保護の対象としているわけです。

これに対してＢを窃盗罪の被疑者として捜査し、公訴して有罪判決を得たとしても、Ａの受けた被害が当然に回復されるわけではありません。刑法は、Ａの個人的利益そのものを保護しているわけではないのです。

刑事手続の目指すところの１つは、他人の物を盗むような者は刑罰を受けることを知らしめて、人の物を盗もうなどという考えを起こさせないことであり（いわゆる一般予防）、法の定めた財物・サービスの適正な配分・帰属という社会秩序それ自体を守ろうとしているのです。

また別の例を挙げてみましょう。

「被害者とともに泣く検察」というのは、伊藤栄樹元検事総長の言葉のようですが、確かに、刑事事件において、検察官は被害者の無念の思いを代弁する役目を帯びています。

しかし、だからといって検察官は被害者の意向どおりに動くわけにもいかないのです。

飲酒して無謀な自動車運転をした挙句、死亡事故が起きた場合を考えれば、事故の被害者の遺族はさぞ無念でしょうし、犯人に対する処罰感情が極めて強く、より重い罰条の適用を希望するのは遺族の心情として無理からぬところと理解できます。

しかし、「自動車の運転により人を死傷させる行為等の処罰に関する法律」２条１号に定める「アルコール又は薬物の影響により正常な運転が困難な状態」だったのか、それとも同法３条１項の「走行中に正常な運転に支障が生じるおそれがある状態」だったのかは、証拠により適正に判断すべきことで、遺族の意向に沿って検察官が判断を曲げることなどあってはならないことです。

このように考えれば、刑事事件を任務とする検察官が、この場面でも公益の代表者に他ならないことが理解できると思います。

検察官は、公益の代表者であり、検察官の職務は、公益の代表者としての職務ですから、自らの行っていることが公益にかなっているのかを問うことが、検察官倫理の基本的な視座となるでしょう。

第2　検察官が担う「公益」とは何だろう

最近はあまりいわれなくなりましたが、以前はよく「巨悪を眠らせない検察」と標語のようにいわれていました。このように、一般社会では、検察官に対して「悪」と対峙するという印象があるのではないでしょうか。

何が「悪」かということは、それを語る人の価値観や道徳観を反映しますので、皆の意見が１つにまとまるものではありません。たとえば「嘘をつく」ことはいけないことだと考える人は多いでしょうが「嘘も方便」と考える人もいるでしょう。

しかし、「法律により宣誓した証人が虚偽の陳述をした」ならばこれが犯罪になることは広く認められるところでしょう（刑法 169 条）。

このように、法は多種多様な反道徳の色彩を帯びる行為の中から刑罰を科すに値する行為を抽出し、明文の法令をもって犯罪として定めています（罪刑法定主義）。検察官が対峙すべきは、この法令により犯罪と定められた行為に他なりません。したがって、たとえば法改正前のいわゆる「合法ドラッグ」の使用のように、その時犯罪とされていなかった行為は、社会的非難を浴びる行為であっても検察官の対象にはなりません（なお現在は法改正により「違法ドラッグ」になっています）。

さて、法はこのように一定の重大な非違行為を抽出して犯罪と定め、その犯罪をなした者に対しては刑罰の種類・範囲も指定して処罰されるとしているのですから、犯罪をなした者（犯人）は刑に処すべきであるというのが法のとる立場であり、それが実現されることを要請していると思われます。検察官の担う公益の中には、この要請が含まれていると思います。

刑を科すには「法律の定める手続によらなければ」ならない（憲法 31 条）のですから、検察官として、警察等と協力して犯罪を認知して真犯人を特定し、公訴を提起して公判において有罪の立証をする（原則として検察官のみができることです。起訴独占主義）ことが使命になります。

刑罰を科せられると「生命若しくは自由を奪はれ」たり、財産を剝奪されたりといった重大な結果が生じます。なぜ国家によるこのような自由の制限等が正当化されるのかといえば、犯罪をなしたからに他なりません。犯罪をなしていない者が刑罰に処せられることは、決してあってはなりません。

さて、「犯罪をなした者に刑罰を科すべし」という要請と「犯罪をなしていない者に刑罰を科してはならない」という要請を共に満たそうとすれば、あらゆる犯罪を認知し、常に真相を解明して真犯人を突き止め、有罪判決を得るに足る証拠を収集することが求められるわけですが、検察官といえども人間ですから、当然限界があります。いかに人知を尽くして捜査を遂げても、有罪を立証するに足る証拠を収集できない場合も起こり得るのです。この場合には「疑わしきは罰せず」として扱われます。つまり、無辜の者に刑罰を科してしまう弊害と真犯人をして処罰を免れさせる弊害とを比較して、前者の弊害の方がより大きいという価値判断です。この価値判断は、広く支持されていて、近代刑事法の大原則になっています。

しかし、これは十分な捜査を遂げたことが前提ですから、安易にこの原則に逃げ込むことはあってはなりません。

このように、検察官の担う使命は重大で困難に満ちています。その困難を自ら引き受けるのですから、検察官は深い倫理感と使命感をもつ人材が求められているのであり、実際にもそのような人が多いと思います。

「疑わしきは罰せず」の原則のもとでは、事件の真相を突き止め、真犯人を処罰するために証拠を収集することが重要になりますが、いかに証拠の収集が重要であるからといって、どのような方法をとってもよいというわけではありません。憲法 35 条、38 条等の捜査や証拠収集等に関する法令の定めに捜査機関が反してはならないのは当然のことでしょう。

さて、これらの定めに反した捜査等がなされたときに、当該捜査をなした警察官等が懲戒処分や刑事処分等のペナルティを受けるのはともかく、このような捜査によって得られた証拠をどう扱うのがよいのかはまた別の問題というべきでしょう。

拷問によって得られた自白のように、そもそも証拠としての価値に疑問があり、真相を突き止めるどころか冤罪の温床になりかねないとして、証拠にしないことは理解しやすいことでしょう。しかし、たとえば職務質問の限界を超えて所持品検査をした結果、発見された覚せい剤のような場合はどうでしょうか。収集された経緯に違法があっても、証拠としての価値は変わらないのではないのでしょうか。

これはおわかりのとおり、いわゆる違法収集証拠排除法則の議論です。本書は刑事訴訟法の教科書ではないので詳細はそちらに譲りますが、法曹の倫理としてはこの点をどうみればよいのでしょうか。

ここで唐突ですが、参考になると思いますのでフィクションの世界を見てみましょう。

コナン・ドイル『ブルース・パティントン設計書』ストランド・マガジン12月号（初出1908年）です。同作品の一部を引用する前に同作品の梗概を記しておきます。

ヴィクトリア朝下の大英帝国。英国が秘密裏に開発した最新鋭の潜水艦の設計書が盗難されるという重大事件が発生する。警察の捜査が行き詰まる中、兄マイクロフトから依頼を受けたシャーロック・ホームズは捜査に乗り出す。その卓越した推理力で容疑者を割り出したホームズは、容疑者の家宅を捜索することを企図する。令状をとることを勧めるワトソンに対し、ホームズは令状を得られるだけの根拠がないとして不法侵入を敢行。重要な証拠を発見し、真犯人をおびき出す罠をはる。翌日、ホームズはマイクロフトとレストレード警部に昨日の顛末を説明する。

以下は同作品の引用です。

「シャーロック・ホームズは昨日の行動を話して聞かせた。するとレストレードは職掌がら、夜盗のまねをした一条には首を傾げて、『我々にはそんなことまでは出来ないですよ。それじゃ我々以上の成果があがるはずですね。（以下略）』」（コナン・ドイル著、延原謙訳『シャーロック・ホームズ最後の挨拶』新潮社（1955年））

違法収集証拠排除法則は、1960年代にアメリカの判例を通じて発展していった法理ですので、ドイルが上記作品を執筆した時にこの法理を意識していたことはないでしょう。

現代の我々がこの作品を読んで気がつくのは、国家の安全保障に関わる重大事件であり、ホームズのやり方が成果を挙げられることを理解しつつも、レストレード警部が「職掌がら」、「我々にはそんなことまで出来ない」と発言していることです。このくだりから、重大事件の捜査といえども違法行為に手を染めず、違法な捜査によって得た証拠を用いることも潔しとしないレストレード警部の警察官としての矜持を読み取るのは牽強付会でしょうか。同作品はフィクションですが、エンターテインメントには一般市民の心情が色濃く投影されることがあることを考えると、一般市民が捜査機関に期待するのは、レストレード警部のような振る舞いではなかったのでしょうか。

フィクションを離れ、現実に話を戻すと、公判に違法収集証拠が提出された場合の証拠能力をどのように考えるかという問題と、捜査の過程や公判に提出する証拠を選択する段階での検察官のとるべき行為をどう考えるべきかという問題は、少し局面を異にするように思います。

捜査の段階では、検察官は違法に収集された証拠は峻拒すべきであり、それに代わるべき証拠を合法的に収集すべきであると思います。それは違法収集証拠を認めてしまったのでは違法捜査が根絶できないではないかという政策論を根拠とするのではなく、何よりも公益の代表者たる検察官が違法行為に加担することなど到底できないという理由であろうと考えます。違法捜査の根絶は副次的な理由と考えます。

第3 犯罪の捜査における検察官倫理について

検察官が犯罪の捜査を行うことができることは前述のとおりですが、犯罪捜査の大半は司法警察職員が行っています。行政の組織上、検察は警察の上部の機関などではなく、検察官は司法警察職員に対し、原則として、その捜査に関し、必要な一般的指示をすることができるだけであり（刑事訴訟法 193 条）、捜査に関しては検察官と司法警察職員は互いに協力する関係にとどまります（同法 192 条）。

では、警察の捜査に対し、検察官が留意すべき点は何でしょうか。

捜査を行うにあたっては守らなければならない規範があります。

令状主義はその顕著な例ですが、いわゆる任意捜査であっても限界がありますので、それを超えれば違法となります。

法律家である検察官が捜査に関与する意義として、違法な捜査がなされないように配慮することがあると考えます。

そのためには、日ごろから警察と意思疎通を入念に行い、捜査の限界について認識を共通にすることが重要です。

本章の「第２節　裁判官倫理」で、平成 14 年に大阪市平野区のマンションで発生した母子殺人放火事件の上告審で平成 22 年に最高裁判所（最判平成 22・４・27 刑集 64 巻３号 233 頁〔28166786〕）が差戻しの判決を言い渡したことを紹介しましたが、最高裁判所が無罪判決ではなく差戻しを選択したのは、重要な物的証拠である「被告人の DNA が検出された煙草の吸い殻」が採取された犯行現場のマンションの灰皿にあった「ほかの吸い殻」を鑑定することによって真相に迫る重要な証拠が得られるのではないかと考えたためと思われます。

したがって差戻審では、当該灰皿にあった被告人の DNA が検出された吸い殻以外の吸い殻（証拠上、71 本あることがわかっていました）

の鑑定結果が新たな検察側の証拠として提出されてもおかしくはないのですが、提出されませんでした。というのも、被告人を起訴した後のいずれかの時点で、吸い殻を保管していた警察が被告人のDNAが付着した吸い殻以外の吸い殻71本を廃棄してしまっていたからでした。そのために検察の公訴事実の立証は困難となり、差戻審は無罪判決を言い渡しました。

警察が押収したり領置したりした証拠物の管理が検察の責任とは思いませんが、仮に捜査にあたった検察官が最高裁の裁判官のような発想をもって「他の吸い殻」の鑑定をさせていたり、「他の吸い殻」も重要な証拠であるから十分注意して管理するよう要請したりすれば、不起訴になったかもしれませんし、起訴されたとしても裁判の経過はまた違ったものになっていたかもしれません。

上記の例は、証拠の管理等に関するものですが、検察官に送致された事件に関し、警察から送られてきた証拠の中に違法な捜査によって得られたものがあると思われたらどうすべきでしょうか。

前述のとおり、そのような証拠は犯罪の立証に使うべきではありませんから、その旨を警察に明確に伝えて、その排除される証拠に代わる証拠（もちろん適法に収集された証拠）を求めるべきでしょう。

また、警察による強要や偽計等の不当な手段による取調べで、被疑者に不利な供述調書が作成された可能性があると考えたときは、改めて被疑者に対し警察段階で受けた違法な取調べによる影響を脱するよう努め、そのうえで真意を聞き出すよう努めることが求められるというべきでしょう。

これをまとめていえば、検察官は、法律家として警察の捜査を時には批判的な観点から検討し、必要となれば補充捜査を行い、もし違法な捜査があったと判断したときは、当該捜査による証拠は排除したうえで、改めて適法な捜査を行うよう努めることが求められる、ということでしょう。

警察の捜査の適法性の確保について、検察官が重要な役割を担っていることは今述べたとおりですが、では、検察官自身の捜査については誰が適法性を担保するのでしょうか。

基本的には検察官自身の自己監査がまずは一次的にその任に当たるべきでしょう。（警察ではなく）検察官が捜査を行うときは単独の検察官が捜査を担当することはまずなく、複数の検察官が関与するのが一般的ですから、検察官相互の意見交換・監視等により違法な捜査の抑制が一定程度期待できるでしょう。

しかし、このことは検察官が違法な捜査を見逃さないという職務倫理に従って行動することが前提であり、もしその倫理に目をつぶり、組織の防衛を図ろうとしたら……まさに慄然とする事態です。

このように考えると、違法捜査の抑制は、検察官の重要な使命であることは間違いありませんが、ひとり検察官のみに委ねてよいことでもないというべきでしょう。

厚生事務次官の証拠捏造事件が社会を震撼させたのは、証拠を捏造した主任の検察官の存在もさることながら、それを知りながら隠ぺいを図った大阪地検特捜部の部長及び副部長の存在でした（この事件は刑事事件となり被告人となった元部長らは公訴事実を否認しましたが、有罪判決が確定しましたので本稿でも関与があったことを前提として議論しています）。

この事件が１つの契機となり、取調べの可視化が一定程度とはいえ進むことになったのはその文脈で考えると理解しやすいと思います。

第４　起訴・不起訴を分かつもの

検察官が被疑者を起訴する場合には、十分な嫌疑、つまり当該被疑者が犯人に間違いないとの確信をもてるだけの根拠があることが必要と考えられ、そのように運用されています。

刑法及び刑事訴訟法の泰斗である平野龍一教授の学説は「刑事訴訟の当事者主義」など広く受け入れられているものも多いですが、起訴に関する「あっさり起訴」論は平野教授の学説の中で最も支持が得られなかったものの１つでしょう。

平野教授の説くところには、傾聴すべき点も多いのに、なぜかくも実務からの支持を得られなかったのでしょうか。筆者の個人的体験を持ち出して恐縮ですが、かつて刑事事件を担当する裁判官と懇談しているときに「あっさり起訴」論に話題が及んだことがありました。そのとき、裁判官が「あっさり起訴されたらたまったものではない」という意味の発言をしたことをよく覚えています。

ある程度の割合の法曹が共有する感覚として「公益の代表者たる検察官が、犯人であるとの確信ももたずに起訴することなどあってはならない。起訴とは被告人が罪を犯したと主張し刑罰を科すことを求める行為である以上、その確信もなしに軽々しくなしてよいことではない」というものがあるように思います。検察官には「目の前のこの人が犯人であると自分自身が納得できていないのに、起訴状など書くことはできない」という強い職業上の意識があるのではないでしょうか。

起訴されなければ冤罪も生じないのですから、上記のような職業上の意識は否定すべきものとは言い切れませんし、現に多くの法曹によって肯定的に評価されているのではないでしょうか。筆者も同様に評価しています。

ところで、犯罪とは「構成要件に該当する違法かつ有責な行為」ですから、検察官としては、起訴するためには、最低限、構成要件に該当する行為が存在すること、正当防衛等の違法性阻却事由が認められないこと及び心神喪失等の責任阻却事由が存在しないことについて、証明できる旨の心証を得ていなければならないと考えますが、犯罪の動機や犯行後の盗品の処分方法などは、それが構成要件となっていない限り、立証できると思わなくても公訴提起はできると思います。

世の中には、しばしばなぜこのような犯罪がなされたのか理解し難い事件が現実になされることがあり、報道等により、それを知った社会から動機等の解明が捜査機関等に期待される場合もあります。不可解な犯罪に対して、真相を知りたいと考えるのは心情として理解できますし、解明されることによって社会の不安が沈静するということもあろうかとは思います。しかし、犯行の動機などは犯人しかわかり得ないこともあり、犯人が供述しようとしないのに無理に聞き出そうとすれば自白の強要につながる危険もあります。そこまで解明しようとすることまでは検察官の使命ではないと考えます。

以上のように、嫌疑が十分な場合に限って起訴するという運用は肯定的に評価できますが、このことがもつ問題点も忘れてはならないと思います。

起訴すべき線を「嫌疑が十分な場合」に引くことは、そうでない「相当程度怪しいが嫌疑十分とまではいえない場合」を不起訴の領域に組み込むことを意味します。犯罪の被害者等からすれば「検察の判断は弱気に過ぎる、起訴すれば十分有罪判決が得られるのに、真犯人を処罰から免れさせるのか」という不満をもつこともあるでしょう。

また有罪率 99％以上という実績が検察官にとって検察無謬神話のように受け取られることがもしあれば、いったん起訴した件について途中で問題があることに気づいても、修正が難しくなるというおそれもあります。

結局は、証拠の収集とその評価に万全を期して事件の真相に迫ることが重要なわけです。とはいえ、法曹にとって事実を適正に認定することは一生の修行といっても過言ではない困難な課題です。

たとえとして適当かどうかわかりませんが、冬山の登頂を目指している登山家が、天候等が微妙な時にアタックを続けるのか、断念して下山するのか非常に悩むと思います。下山すれば安全であることは間違いないですが、そう簡単に登頂を断念できるものではないでしょう。

そのような、判断に悩むときに、老練な山岳ガイドの助言を参考にしない人はいないでしょう。

検察の決裁制度は、この困難な課題に直面する検察官が、老練な先輩検事と事件をさまざまな角度から検討することで、判断を過たないようにする機能をもつことが期待されているといえるでしょう。

第5 起訴便宜主義について

刑事訴訟法248条は「犯人の性格、年齢及び境遇、犯罪の軽重及び情状並びに犯罪後の情況により訴追を必要としないときは、公訴を提起しないことができる」と定めています。いわゆる起訴便宜主義です。

なお、本条は「犯人」すなわち公訴提起した場合に有罪を立証できるだけの証拠を有している場合を守備範囲とするものであり、捜査を遂げても有罪の心証を得ることができない場合（いわゆる嫌疑不十分の場合）には、本条を待つまでもなく起訴すべきでないと考えます。ある程度は疑わしいものの、果たして裁判所が有罪と判断するか自信がもてないようなときは起訴するべきではないというのが実務の運用であることは前項のとおりです。

刑事訴訟法248条により、有罪であることが認められるにもかかわらず、なお公訴を提起しない（いわゆる起訴猶予）のはどのような場合でしょうか。起訴するか不起訴にするかについては、これまでの実例等からある程度の規準が検察内部にはありますので、それを尊重するべきでしょう。たとえば、起訴した場合にいわゆる実刑となることが予想できるのに、不起訴とするのにはそれ相応の理由が必要でしょう。しかし、それ相応の理由があるときは、たとえ殺人罪でも起訴猶予にすることができます（これは実話です。筆者はかつて検察官から実際に殺人罪の被疑者を起訴猶予したと聞いたことがあります）。ただし、もちろん検察審査会の賛同を得られるような妥当な結論でなくてはいけないことは当然で、検察官が恣意的に不起訴にしてよいはずがありません。

いわゆる情状につき、どのような客観的な基準を設けても、犯人の反省悔悟や再犯のおそれなどは、取調べにあたった検察官が犯人との人的な交流の中で感じ取るしかなく、そこでは検察官の全人格的な判断が求められるというべきでしょう。

このような困難な判断にあたっても、後述の決裁制度を活用して経験豊富な検察官と意見交換することが有益と考えます。

第6 検察官の「独立性」について

1　外部からの独立性について

検察官が、政権中枢の人物に対し嫌疑を抱き、捜査を進めているときに、政権から圧力がかかるという事態を想定すれば、検察官あるいは検察庁に対し外部からの圧力を受けないように措置を講じる必要があることはたやすく理解できるでしょう。しかし、このことから検察官に裁判官と同様の独立性が保障されるべきであると即断してはいけません。

裁判官は申立てがあって初めて活動を開始する受動的な機関であり、申立ての当否についての判断作用が活動の中心ですから、さまざまな圧力等から遮断された静謐な状況で職務を遂行してもらわなければならないのですが、検察官は、犯罪を捜査するために、ときには強制的な手段をとることができ、捜査を遂げたときには起訴することで処罰を求めることもあるのですから、裁判官と違い、その職務は能動的で、時には実力の行使も伴うものということができるのです。

このような検察官の職務を考えると、政府から一切の監督を受けないということはあり得ないというべきです。そもそも検察も行政の一部である以上は内閣のもとに置かれます（憲法 65 条)。「検察権を司法権のように独立させることは、理論上権力分立に反するだけでなく、何ら政治的責任を負わず、民主的監視を受けない強大な官僚陣営を認めることとなって、これまた弊害を生じるのである」と兼子一＝竹下守夫『裁判法〈新版〉（法律学全集 34）』有斐閣（1978 年）29 頁で論じられていますが、まさにそのとおりであると思います。

このように、裁判所のような独立性は認め難いのですが、先ほど述べたとおり不当な圧力は受けないようにしなくてはいけませんから、その調和として、検察庁法 14 条本文で「法務大臣は、第４条及び第６条に規定する検察官の事務に関し、検察官を一般に指揮監督することができる」と定めて一般的な指示はできるものの、同条ただし書で「但し、個々の事件の取調又は処分については、検事総長のみを指揮することができる」と定めて、個別の事件については、担当の検察官に対し直接指揮できるのではなく、検事総長を通じてのみ指揮監督できる仕組みを整えています。

これがいわゆる法務大臣の指揮権発動ですが、今日までその実例は、造船疑獄事件の捜査において当時の吉田茂内閣における与党であった自由党幹事長の佐藤栄作に対する逮捕許諾請求の請訓（国会の会期中でしたので国会議員の逮捕には許諾が必要だったわけです）に、当時の犬養健法務大臣が検事総長に対して「別途指示があるまで逮捕の請求は待て」と指揮した例があるのみです。犬養法務大臣は翌日辞任し、吉田内閣は世論の強い批判を浴びて数か月後に総辞職を余儀なくされました。この経緯に徴し、一般的には、法務大臣が指揮権を発動することは政治的に大きなリスクを伴うと認識されています。

法務大臣の指揮権については、検察官人事と合わせて本節「第８　法務大臣の指揮権と検察官の人事」で考えてみたいと思います。

2　検察庁内部の「独立性」について

検察庁法によれば、検事総長は「最高検察庁の長として、庁務を掌理し、且つ、すべての検察庁の職員を指揮監督する」（同法７条１項）ものとされ、検事長は「高等検察庁の長として、庁務を掌理し、且つ、その庁並びにその庁の対応する裁判所の管轄区域内に在る地方検察庁及び区検察庁の職員を指揮監督する」ものとされ（同法８条）、検事正は「庁務を掌理し、且つ、その庁及びその庁の対応する裁判所の管轄区域内に在る区検察庁の職員を指揮監督する」ものとされています（同法９条２項）。このように、検察庁の内部では、上位の役職にある者から下位の役職にある者に対し、指揮監督の系統が成立しています。先ほど述べたとおり、検察権も行政権の一種ですから、このように一体化された指揮監督の系統のもとにあることはそもそも行政庁として当然のことでしょうし、検察の職務からみても法の解釈や運用がバラバラであってはまずいので統一を図る必要があること等を考えれば、実質的にみてもそうであってしかるべきでしょう（検察一体の原則）。

もっとも、個別の検察権の行使については、検察官は、たとえば法務大臣の補助者としてではなく、自己の名で単独で行使します（いわゆる独任官庁）。

このことと検察一体の原則との関係をどう考えるべきでしょうか。

この問題が最も鮮明に表れるのが、検察庁法 12 条に定める事務の引取り・移転の問題です。

たとえば、ある検事が担当している事件の被疑者について捜査を遂げ、有罪であるとの心証を抱いたとしても、直ちに起訴するわけではなく、通常は上長たる検察官（たとえば副部長たる検察官）の決裁を得る必要があります。このように、個別の事件処理についても担当の検察官のみの判断で処理されることはないのが通常です。

この、いわゆる決裁制度については、さまざまな評価がなされてきたわけですが、ここではどのような運用がなされることが望ましいのかという視点で議論を進めていきたいと思います。

ある検事が、自分の担当の被疑者を起訴するのが相当と判断した場合、当該検察官は有罪が確実であるとの心証に達していることと思います。

しかし、有罪かどうかを決定するのは当該検察官ではなく、起訴された事件が配てんされた裁判官です。真実は（あるいは神の目からみれば）犯人に他ならなくても、その裁判官が有罪と判決しなければ有罪にはなりません。

ストライクかボールかは、本来は野球規則の定めによって決まるわけですが、見方によっては「アンパイアがストライクとコールした球がストライクである」との評価も成り立つでしょう。

このように、真実は奈辺にあるのかは極めて重要ですが、それと同時に自分の判断と同じように他者も判断するのかという、他者の視点を意識することもまた重要というべきでしょう。

たとえとして適当か疑問な例を何度も挙げて恐縮ですが、漫画家は自分が面白いと思った漫画を描くのでしょうが、面白いと評価するかどうかは読者です。雑誌に掲載されて読者の判定を仰ぐ前に担当の編集者が「第一の読者」として構想や下書きの段階から漫画家と協議してより良いものに仕上げていきます。

検察官も自己の判断が第三者にはどう評価されるのかを経験豊かな検察官と協議することで認識し、より良い手段があればそれをとることの契機にするのであれば１つの望ましいありようであるといえるでしょう。

このように考えれば、何も検察官特有の話ではなく、裁判所の合議体における合議や、同じ法律事務所のベテラン弁護士と新人弁護士が共同で受任した訴訟の準備書面の起案についての打合せも本質的には同じことでしょう。

要するに、立場の上下や経歴の長短ではなく、お互いに法律家として尊重しながら真剣に自己の見解を主張し相手の見解を傾聴し、忌憚のない議論を通じて１つのより良い結論を導いていくという過程に他ならないということです。

決裁制度がそのように運営されているのであれば、処分の相当性を担保することに加え、担当の検察官はもとより決裁する検察官にとっても成長をもたらす効果も期待できると思います。

第7　公判

1　当事者主義

戦後制定された日本国憲法には、多数の刑事訴訟に関係する条項が盛り込まれ、それに伴い、いわゆる大正刑事訴訟法（旧刑事訴訟法）が廃止され、現行の刑事訴訟法（新刑事訴訟法）が成立しました。

新刑事訴訟法の性格として、刑事訴訟の当事者主義化が論じられ、広く支持を受けました。

新刑事訴訟法成立から70年が経過し、戦前の刑事訴訟を経験した人も少なくなり、当事者主義はいわば自明のこととして受け取られるようになったという気がしています。そのために当事者主義でない刑事裁判を想像することが難しくなっていると思いますので、戦前の刑事裁判にまつわる椿事をご紹介しましょう。故近藤完爾裁判官（戦前・戦後を通じて活躍した裁判官。元東京高裁部総括判事。故倉田卓次裁判官の随筆にもしばしば登場しその博識と人格が称揚されています）から聞いた実話です。

「戦前の刑事裁判では、第１回公判前にすべての証拠書類が裁判所に提出されており、裁判官はそれを熟読していた。ある刑事裁判で、第１回公判期日のとき開始時間前に誰もいない法廷に着いた弁護人が、一件記録が準備されているのを見つけ、何の気なしに記録を広げたところ、何と記録のはじめに判決書が編綴されていた。

つまり、裁判官は第１回公判が開始する前に有罪判決の判決書を起案していたのである。さすがにその裁判官は交代を余儀なくされた」

思わず失笑してしまう話ですが、笑い話では済みません。裁判所が捜査や証拠の取捨選択に深く関与するやり方では「判断者」としての純度に疑問がもたれます。

そこで、新刑事訴訟法では、審理の対象（訴因あるいは公訴事実）の設定や証拠の提出を検察官に委ね、裁判所は白紙の状態で審理に臨み、検察官及び被告人（弁護人）の双方の主張と立証を公正な第三者の観点から判断することにしたのです。

当事者主義のもとでは、確かに審理の対象を設定し、証拠を取捨選択して提出する権限が検察官に与えられているわけですが、検察官が公益の代表者であることに変わりはなく、実体的真実の追求という要請が後退するものではありません。「検察の理念」（平成 23 年９月 30 日策定）において「あたかも常に有罪そのものを目的とし、より重い処分の実現自体を成果とみなすかのごとき姿勢となってはならない」とうたわれているのも同様の趣旨ではないでしょうか。

2　公判立会の検察官

小規模の支部ならばともかく、たいていの場合、捜査を担当する検察官と公判に立ち会う検察官は別です。公判立会の検察官には、起訴状とともに一件記録が捜査担当の検察官から送られてきます。ここでも公判立会の検察官は新たな目で記録を検討することになります。

「起訴された以上は何が何でも有罪を目指す」のではなく、あくまでも真実の追及が要請されるのですから、記録を検討するうえで疑問が生じたときはおざなりにしてはいけません。

たとえば、被告人のアリバイの主張に対して捜査・起訴を担当した検察官は、根拠のない主張として排斥しても、詳細に記録を検討すると疑問が残るというのであれば、必要に応じて補充捜査をするなどしてアリバイが成立しないことを確認する必要があります。もしアリバイを排斥し難いとの判断に至れば、公訴を取り消すなどの措置をとり、早急に被告人を刑事裁判から解放しなければなりません。

また、たとえば冒頭陳述で主張すべき事実や、それをどの証拠で立証するか等を検討している際に、訴因を証明するための重要な証拠が違法収集証拠であることに気づいたときは、その違法に収集された証拠によらずに立証する方策を検討したり、それに代わる証拠を収集したりすべきと考えます。

要するに、公判立会の検察官は捜査・起訴を担当した検察官を盲信してはならず、自分なりに検討しなければならないということです。

それでは、公判が開始され、被告人・弁護人の主張及び立証を検討するとそれまで大した意味はないとして提出しなかった証拠が重要な意味をもつと判断されるに至ったときはどうすべきでしょうか。

証拠開示についてはさまざまな議論や裁判例があり、立法化もされています。

ここでの議論は、検察官の倫理としてはどうすべきかという議論だと理解してください。

これまでの議論から何がいいたいのか賢明な読者の皆さんには明らかでしょう。証拠を表に出さず真実の解明の機会を奪うことが検察官のなすべきこととは到底思えません。

開示した結果、無罪となったとしても証拠評価に問題があった点は今後の検討課題とすべきでしょうが、その検察官が真実に対しフェアであった姿勢は賞賛されてしかるべきだと考えます。有罪判決を獲得した検察官が賞賛されるのは、真実犯罪を犯した者に対し、処罰を免れさせなかったからです。「有罪そのもの」に価値があるわけではありません。

第８　法務大臣の指揮権と検察官の人事

１　適正な法務大臣の指揮権行使とは

検察庁法 14 条ただし書のいわゆる法務大臣の指揮権が行使された実

例は１つしかないことは先に述べたとおりです。

実例が乏しいので考察が難しいのですが、法務大臣の指揮権の適正な行使とはどのような場合なのかを考えてみたいと思います。

そもそも法務大臣が個々の事件について検察の取調べ又は処分に関与するのはどういう場合が考え得るでしょう。検察が冤罪を引き起こしかねない誤った捜査をしていると判断した場合でしょうか？再審無罪事件は複数ありますが、起訴前に法務大臣が指揮権行使を検討した事例さえありません。法務大臣あるいは法務省は、個別の事件について、検察官より適正な判断ができるのでしょうか？検察が立件は困難であると考えた事件を法務大臣が捜査を進めるよう指揮して、結果、裁判所によって無罪となったらどうしますか？検察が起訴まで持ち込めると思って捜査を進め、証拠を固めているときに法務大臣が捜査にストップをかけることは、裁判所から判断の機会を奪うことになりかねませんが、それでよいのでしょうか？捜査の対象たる人物からして、公判で堂々と自らの無実を証明したいと希望しているとしたらどうでしょうか？指揮権は、捜査対象者の意向によって行使したりしなかったりするものなのでしょうか？

このように考えていくと、個別の事件の捜査が適正であるか、そうでないかについて検察と見解が違うからといって、法務大臣が指揮権を行使するのが相当とは考えにくいと思います。行政を担う法務大臣（指揮権行使のような重大な事項は、法務大臣のみならず内閣にも政治的な責任があるというべきでしょう）としての判断から行使すべきか否かを判断すべきものではないでしょうか。

この点について、時代も場所も遠く離れていますが参考となりそうな例を挙げてみます。

太陽王ルイ 14 世の治世。国王暗殺計画を察知し、捜査を進めていた宰相ルーヴォア侯爵は、十分な嫌疑があるとして暗殺計画の黒幕と目される人物についての捜査を進めることの許可をルイ 14 世に願い出た。

何とその人物はフランス軍の双璧というべき名将の大コンデ公とテュレンヌ元帥だというのである。驚愕したルイ14世は沈思する。フランスに戦争の危機が近づいているときに、国の防衛に最も役立つ２人の人物をフランスから奪ってよいのか……。

西洋史に詳しい読者の皆さん。そんな話聞いたことないぞと思われたかもしれません。デュ・フォルチェネ・ボアゴベ著、長島良三訳『鉄仮面』講談社（2002年）の一節です。次の一節は同書からの引用文です。

「ルーヴォアは大臣として発言し、ルイは国王として答えた。（中略）『私は、これ以上おまえが調査を進めるのに反対する』」

絶対王政と議会制民主主義を同列には論じられませんが、犯罪捜査に責任をもつべき地位にある者と、国政全般に責任がある者の対立という局面でとらえれば、相似性はあろうかと思います。すなわち、法務大臣の指揮権行使は、捜査等についての検察の意向に沿うことが、国益を損じるおそれがあると考えられたときの政治的な決断であり、それについては政治的な責任を国会ひいては主権者たる国民に負うものと考えられないでしょうか。

2　検察官の人事

令和２年に廃案となった検察庁法改正案は、検察官の人事をめぐる複雑な問題を露呈しました。

指揮権のような稀有な現象と違い、人事についての政府（内閣）の関与は、検察官の「独立性」に与える影響の大きさは、人事という日常的なことだけに比較になりません。

裁判官の場合には、「下級裁判所の裁判官は、最高裁判所の指名した者の名簿によつて、内閣でこれを任命する」（憲法80条１項）との定めがあり、人事上も一定の独立性が保障されています。しかし、検察官にはそのような規定はありません。

もっとも、実際の人事は検察内部で自律的に決定しているようで、内閣等の介入があるわけではなかったようです。

検事総長は、内閣が任命して天皇が認証すると定められていますが、検事総長が退任するときには、後任は東京高検の検事長が任命されることが多いですし、東京高検の検事長にはそのほかの高検の検事長から横滑りすることが多いですし、東京高検以外の検事長は（以下同様）。検事に任命されてからある程度は皆同じようなコースをたどるのでしょうが、途中からは頭角を現した者が検察内部で要職についていき、俗にいう出世競争をするという理解で大きな間違いはないと思います。では、実質的に人事を決めているのは誰かといえば、おそらくは検察の首脳であろうと思います。大物の検察ＯＢも一定の影響力があるという話もありますが、裏付けがあるわけではありません。

村山治『安倍・菅政権 VS. 検察庁－暗闘のクロニクル』文藝春秋（2020年）によると、この検察人事の自律性に対して内閣が影響力を行使しようとして、検察が水面下で内閣に打診した人事案を拒否したというのです。政権はある特定の検察官を検事総長に任命するために陰に陽に圧力をかけ、それに対して検察首脳が抵抗した経緯が同書には詳細に記載されています。同書の記載を信頼するとすれば、当時の検事総長は自らの勇退の時期を先送りにすることで、政権側の意中の検察官を定年退官に追い込むことも考えていた。令和３年6月 11 日法律 61 号改正前の検察庁法では、検事総長の定年は 65 歳で、その他の検察官は 63 歳でした）とのことですが、これも同書によれば、政権側では、その場合、退官して弁護士となった意中の人物を検事総長に任命することまで検討していたというのです。

この箇所を閲読したとき、正直、そこまでするのかと驚きましたが、検察庁法は、検事総長は現に検察官の地位にある者から任命することを要求しているわけではありません。驚いたこと自体が従前の人事の慣例をあたかも法令であるかのごとく当然視していたのだと不明を痛感させられました。

検事総長に、現に検察官でない人物を任命すること自体は必ずしも否定的に評価すべきことではないかもしれません。

たとえば、政権が検察改革を重点政策として支持を受けたとして、その政策を実現するために最適な人物を広く求めて、結果として在野の人物を任命するということは、公務員の政治的中立性に反するものではないでしょうし、検事総長のような要職に政権の重要政策に理解の深い人物を任命することは、民主制の観点からは必ずしも否定すべきことではないように思います。

つまり、検察人事について、従来のいわば官僚的な慣例に従って政治的な介入を排除する方が望ましいのか、民主的な見地から公務員の人事について政治的な主導によるのが適正だと考えるかは、人事の外形からは結論の出る話ではなく、どれだけ政権に対する信頼があるかによって結論が左右される事柄であるように思います。

今回の検察庁法改正をめぐる一連の経緯で、SNS等を使った国民の発言が大きな影響を与えたことを考えれば、当面は従来の人事によることが世論の支持を得ているということができるでしょう。

裁判官のような憲法上の保障がないのですから、今の慣例的な人事によることこそが適正なのだということを、検察の職務の適正な遂行を通じて国民に納得させることが必要であり、検察の「独立性」はその職務の適正な執行にとって良いものだからこそ支持されることを自覚して銘記するべきはないでしょうか。このことは検察に限りませんが。

設問１

（本章「第１節　弁護士倫理」設問２、「第２節　裁判官倫理」設問１と同事件）Ａは、会社から帰宅途中に居酒屋で飲み過ぎ、電車で眠り込んで、降車駅を乗り越し、終点の駅まで来た。駅ホーム電光掲示板に、終電車の時刻と思われる表示があったため、自宅方向に行く終電車が来るのを待つことにしたが、ホーム上に何人かサラリーマン風の男がいて、そのうちの１人がベンチに座ったまま寝込んでいるのに気づいた。男のそばには、男の持ち物と思われる大きな鞄があり、その状態だと盗まれるおそれがあると思い、男に声をかけたが、男は全く起きなかった。ホーム上に駅員が見えなかったので、Ａは、終電車が来る前に駅の改札の駅員に声を掛け、男の面倒を見てもらおうと思ったが、鞄を置いたままだと、その間に盗まれるかと思い、男の鞄を持って、駅員のいる所まで行こうと歩き出した。Ａは、数歩、歩き出したところで、当日、置き引き犯罪の取締りをしていた警察官に現行犯逮捕された。

1　検察官は、Ａを勾留請求するか否かを判断するため、送検されてきたＡから事情聴取したが、Ａは、前記の話をして窃盗の故意を否認した。Ａに前科前歴はなく、定まった住居も定職もあり、扶養している同居の家族もいて逃亡のおそれも見当たらなかった。また、窃盗の嫌疑についても、Ａが鞄を持って数歩、歩いたところで逮捕しているため、駅の改札口から外に出ておらず、果たして、改札口の駅員の所に本当に行こうとしたのか否か、Ａの外形的な行動からは故意の有無を判断できないと思った。

　しかし、逮捕した警察官の話では、Ａは被害者の男を起こそうと大きな声をかけたり、体を大きく揺さぶったりするなどの行為をしたようには見えなかったということであった。また、Ａが終電車に乗って自宅に戻ろうとしていたとの供述は、実際には、事件が起きた時点では終電車はなかったことから、Aが嘘の弁解をしているのではないかと思われた。

あなたが検察官なら、勾留請求をするか。

2　検察官が勾留請求をして、裁判所がAに対し10日間の勾留を認めたが、Aは、その後も、捜査官の調べに対し、前記の話を繰り返し、窃盗の故意を否認していた。弁護人は、裁判所に対し、Aに窃盗の故意がなく無実であること、Aが駅の改札口から男の大きな鞄と自分のバッグを持って外に出ても遠方の家に容易に帰る方法がなく、鞄を持ち逃げすることが考えられないこと、Aは前科前歴もなく住居も定まっており、定職についていて金銭に困っておらず、窃盗の動機もないこと、勤務先会社が繁忙期で早急に仕事をしなければならないこと等を理由として勾留取消請求をした。

このため、検察官は裁判所から、弁護人の勾留取消請求に対する意見を求められた。

あなたが検察官なら、勾留取消請求について、どのような意見を裁判所に提出するか。

3　裁判所が弁護人の勾留取消請求を認めなかったため、Aの勾留が続いたが、Aは否認を続け、初回の勾留期間内に検察官は処分せず、10日間の勾留延長請求をした。裁判所は勾留の延長は認めたものの勾留延長期間は5日間しか認めなかった。しかも、この5日間には、土、日が含まれ、最終日が月曜となることから、検察官は実質的に木、金の2日間で捜査を終えて、月曜には上司の決裁を得なければならないと思った。

しかし、Aが否認を続けており、終電車があったか否かの点については、駅に確認したところ、終電車はなくなっていたが、回送電車がホームから発車する時刻が電光掲示板に表示されていたこと、電光掲示板には時刻と同時に「回送」の表示もなされており、よく見れば、終電車ではないと判断できるが、Ａは、酒に酔っていて、そこまで気がつかなかったと弁解しており、窃盗を認定するには、Ａの自白がどうしても必要だと思った。

そこで、検察官は、木曜の夕方からＡが勾留されている警察署に行き、最後の取調べをしたが、その際、Ａに対し、「本件は実害が出ていないから、罪を認めて被害者と示談ができれば起訴猶予になる可能性がある」旨の話をして、窃盗の故意があったのか否か、再度、尋問した。

検察官が、Ａに対して、罪を認めて示談をすれば起訴猶予になる可能性のあることを話して取調べを行ったことについて、どのような問題があるか。

４　Ａは、「一刻も早く外に出ないと会社の仕事の責任を果たせない。罪を認めても起訴猶予なら誰にも知られない」と思い、検察官に対し、盗むつもりで男の鞄を持ち出したと供述した。動機等について尋ねられたので、その場の出来心で、鞄の中に何かお金になるものがあるのでないかと思った旨、また、駅を出てからの帰宅の方法については、酔っていて深く考えていなかったが、タクシーでも拾えばよいと思ったと答え、その旨の自白調書が作成された。

検察官は、自白調書作成後、Ａに対し、「これから弁護人に接見に来るよう連絡し、弁護人に対し、被害者と示談をすることを依頼するように」と話した。

検察官がＡに対し、このような話をしたことについて、どのような問題があるか。

５　その後、弁護人から検察官に対して、被害者に示談を申し入れたが、被害者からは自分にも落ち度があり、実害が生じていない、Ａに対して処罰感情も持っていないので、Ａから迷惑料等一切受け取れない旨の回答があり、示談を固辞されたとの報告があった。

あなたが検察官なら、Ａを起訴するか。

もし、あなたが取調べをしていた検察官の決裁を担当していた上司の検察官なら、どのように対応するか。

６　検察官は、Ａが自白したときの様子が自然で、やはり、Ａは嘘の否認を続けていたという思いが強く、被害者と示談ができなかった以上は、起訴するのが妥当と思い、決裁官の了解もとり、Ａを起訴した。

起訴後、弁護人がＡについての保釈申請をしたため、裁判所から検察官に保釈についての意見を求めてきた。

あなたが検察官なら、弁護人の保釈請求に対して、どのような意見を裁判所にするか。

解題

１　本問は、住居も定まっていて、逃亡のおそれもないが、否認しているという場合、検察官は勾留請求をするべきか否かという問題である。罪証隠滅のおそれという勾留の要件について、否認しているということだけで認めてよいのか、それだけでは足りないという場合には、どこまでの具体的な事実が必要か、考え方により、無実の被疑者を相当期間拘束する結果となったり、あるいは、罪証隠滅が行われて犯罪の立件が困難になり犯罪者を処罰できなくなったりするかもしれない。

２　本問は、勾留開始後の捜査で明らかになってきた事実関係のもとで、再度、勾留の是非について、検察官はどう対応するべきか考える問題である。

3　本問は、被疑者から自白を得るために、検察官が取調べで利益誘導することが許されるのかという問題である。この設問では、「起訴猶予」という言葉を直接持ち出しているが、「認めて反省するなら、それなりに考える」など、微妙な言葉使いで自白を促す場合もあろう。

4　本問で、検察官が被疑者に対して被害者との示談を促したのは、示談の成立を理由に起訴猶予として事件を処理することを考えたと思われる。被疑者が当初から罪を認めている場合と、本件のように一貫して否認していたが利益誘導して自白した場合では、検察官が示談を促すことについて違いがあるだろうか。

5　本問は、被害者が、自分にも落ち度があり、処罰感情はないという理由で示談を固辞している場合、検察官として起訴するか否かどう対応するべきかという問題である。設問では勾留期限が迫っているが、弁護人の報告について、検察官が被害者に、直接、確認する時間がとれなかった場合や、不起訴にするには、どうしても示談が必要と考えられる事案では、処分保留で釈放し、その後に被害者の意思を確認したり、再度、示談を試みることを勧めたりすることもあろう。

6　本問は、保釈申請に対して、検察官として、どのように対応するべきかという問題である。

　自白調書がつくられてはいるが、Aは、逮捕後、勾留満期直前まで犯行を否認しており、自白も検察官の利益誘導によりなされた可能性もあって、公判段階でAが再び否認に転じるおそれがあるかもしれない。

設問２

（本章「第１節　弁護士倫理」設問 14 と同事件）加害者（被告人）は、事件現場から近い場所に職場がある。少年時代から強制性交の複数前歴あり。成人後も強姦事件で２度の服役をし、本件は前件で満期出所直後に犯した事件。

一方、被害者は新婚の主婦。被害者は、たまたま当日、夫婦で実家に立ち寄り、夕刻、被害者だけが実家で飼っている犬の散歩に出かけたところ、実家から近い道路上で、加害者の運転する車と遭遇し、車中に拉致されて強制性交の被害に遭い、さらにその後、離れた山林に連行されて殺害された。

死体の発見は、警察の捜索が開始されて２日後である。さらに、被害者が所持していた懐中電灯、犬の糞を処理する割り箸、着衣、靴などが点々と数か所に散乱していた。

事件後、４年半の間、捜査は難航していたが、偶然、犯行現場近くの廃棄物から採取されたDNAが、被害者の口腔内から採取されたDNAと一致したことから、加害者が割り出されることとなった。

1　被告人の自白のうち、犯行の端緒の部分の内容について、被告人は逮捕当初は犯行を頑強に否認していたが、最終的には自白に至った。

自白の要旨は、以下のとおりである。

（1）第１犯行（強制性交）…「（加害者が）自家用車で退社後、『散歩したくなり』自宅とは逆方向の山中に向かい走行している途中で、犬と散歩している被害者を見かけ、無理やりセックスしようと思いたち、車から降りて『家まで送ってやる』と声をかけ、先に犬を無理やり抱きかかえて後部座席に乗せたら、被害者が助手席にしぶしぶ乗り込んできた。そこで、車を動かし、人のいない場所に行って、わいせつ行為を強要した。」

（2）第2犯行（殺人）…「その直後に被害者から『警察に言う』と怒鳴られたので、激高して殺意を生じ、山中に連れ込んで殺害した。」

しかし、この自白内容のうち、被害者を車に乗せたとする場所は、割り箸等が散乱していた場所とはるかに離れた場所であった。また、車中でわいせつ行為をした場所も、着衣等の散乱していた場所とかなり離れた場所であった。

遺族は、犯行が実家の近所であったことから、犯人の自白により犯行現場とされている場所と遺留物の散乱場所が違うことに疑問をもち、つぶさに調査していた。

検察官は、被害者の夫などの聴取から、「被害者は見ず知らずの男の車に自分から乗り込むような人間ではない、最初から無理やり車中に監禁されたと思う。犯行場所も犯人が言っている場所と違い、物が散乱している場所だと思う」との供述を得ていた。

あなたが担当検察官なら、本件犯行の端緒に関して、上記の関係者の言い分を踏まえて、どのような処理を考えるか。

2　公判前整理手続の直前頃、被害者の夫は、犯行の端緒について、下記のとおりの内容を被害者参加弁護士に訴えていた。

加害者は会社を出るときから、犯行を計画し、運転しながら対象を物色していたのであり、「散歩」ではないこと、犯行の開始は暴行ないし脅迫による「車内拉致」であり、その場所は、懐中電灯（壊れた状態）と割り箸が散乱していた場所であること、そこで、加害者は被害者を凶器で脅して車中に拉致監禁したものであること、また、わいせつ行為をした場所も、被告人の言う場所でなく、下着が落ちていた場所（割り箸等が落ちていた公道から小道が通じている山中）の付近である。

被害者の夫にしてみれば、「見ず知らずの男の車に自分から乗り込むような妻ではない」と、加害者に貶められた被害者の人格、名誉を守るためでもあった。

被害者参加弁護士は、犯行の端緒について、弁護士名義で遺族の訴えを検察官に申し入れた（時期的には、公判前整理手続が開始直前頃の時期）。

あなたが検察官なら、遺族の訴え（被害者参加弁護士の申入れ）に関して、その後、どのように対応するか。

３　検察官は、被害者参加弁護士の上記申入れに事実上答えることなく、犯行の端緒から被告人の自白内容に沿った構成で冒頭陳述を準備していた。

被害者遺族の中では、夫は強硬に検察官への再度申入れを主張していたが、父親が「訂正しなくても、十分に凶悪性が出ているから」との理由で、それ以上、この点を主張するのを躊躇した。

被害者遺族は、父親の意見に従って、検察官への再度の異議を断念した。

あなたが検察官なら、この時点で、どう対応するか。

４　被害者の父親は、被害者論告で、上記の拉致監禁は主張せず、ただ「運転開始当初からの計画性」は強く主張し、「死刑」を希望した（判決は無期懲役）。

判決言渡し後の遺族と検察官との面談で、遺族の一部から、検察官に対し「犯行の当初から凶器によって拉致監禁をしたうえでの強制わいせつ行為と殺人だったのに、検察官は、犯人の嘘の自白をうのみにして、計画性や凶悪性を無視したから、死刑にすることができなかった」との強い不満が出された。

あなたが検察官なら、遺族の不満にどう説明するか。

また、この種事案で、死刑の判決を得ることは、犯情の悪質さを立証できても通常困難であることについて、家族にどう説明するか。

解題

本章「第1節　弁護士倫理」設問14と同じ。

1　検察官は、現場付近の地理にも詳しい遺族の訴えに耳を傾け、被告人の自白の内容と物証との矛盾がないのかどうか、再検討すべきである。そのうえで、補充捜査が必要ならば、控えるべきではないと考える。

2　上記と共通するが、検察官が被害者参加の裁判で、被害者遺族との協議を軽視することはあってはならないことである。

3　被害者の父は自白調書の内容だけで十分な凶悪性があり、死刑の判断が出ると思いこんでいたが、結果は違った。

検察官は、犯行の端緒についての見立てを変更しないのであれば、その結果の判決の見通しを前もって遺族に説明しておくことが、必要ではなかったか。

4　補充捜査が不足し、自白と物証との間に矛盾について裁判で十分に反映できず、遺族の合理的な疑問に応えられなかったことを、検察官は率直に反省し、謝罪すべきである。

また、この種の事案で死刑判決を得ることは、現在の裁判の流れにおいては通常困難であり、その説明は、公判整理手続の当初から、遺族に説明しておくべきであった。

参考文献

1　兼子一＝竹下守夫『裁判法〈新版〉(法律学全集 34)』有斐閣（1978年）

2　森際康友編『法曹の倫理〈第３版〉』名古屋大学出版会（2019年）

3　加藤新太郎編『ゼミナール裁判官論』第一法規（2004年）

4　髙中正彦『弁護士法概説〈第５版〉』三省堂（2020年）

5　日本法律家協会編『法曹倫理』商事法務（2015年）

6　村山治『安倍・菅政権 VS. 検察庁－暗闘のクロニクル』文藝春秋（2020年）

7　日本弁護士連合会調査室編著『条解弁護士法〈第５版〉』弘文堂（2019年）

8　犯罪被害者支援弁護士フォーラム（VS フォーラム）編著『ケーススタディ　被害者参加制度　損害賠償命令制度－被害者に寄り添った活動の実践のために〈２訂版〉』東京法令出版（2017年）

その他にも村岡啓一先生、森際康友先生、若旅一夫先生、市川充先生はじめ多くの先生方の論文や講演を参考にさせていただきました。

この場を借りて御礼申し上げます。

新たな司法・法曹文化の確立と良心的法曹の育成を目指して
―委員会の設立目的と再審無罪事件を教材とする趣旨について

関東弁護士会連合会・法曹倫理教育に関する委員会
顧問　若旅　一夫
（平成26年度関東弁護士会連合会理事長）

1　委員会の設立の目的

この委員会の目的は、法曹を志す人たちへの法曹倫理教育の充実です。プロフェッション論の立場に立つと、法曹の実質的な資格要件は専門性と倫理性のはずですが、戦後およそ70年間、法曹の倫理ないし法曹倫理教育があまりにも軽視されてきたのではないか、これからの法曹養成では、法曹倫理教育がもっと重要視されるべきではないかとの問題意識から、委員会の設立を提唱するに至りました。しかし、委員会設立の本当の狙いは、その先にあります。一言でいうと「新たな司法・法曹文化の確立」です。法曹全体が法曹倫理を法曹であることの不可欠の資格要件と考えることです。法曹倫理を法曹が内面化し、体現して、良心的法曹として法曹自身が人間的な成長を遂げることです。法曹自らが良心的であることを目指し、後輩を良心的法曹として養成することが大切なことと考え、そのような価値観を法曹が共有すること、すなわち「司法・法曹文化」の確立を目指すことが、この委員会を設置した最終的な目的になります。

我が国では、戦後及び今般と二度にわたり、大きな司法制度改革が行われました。しかし、その改革は、主に「制度」の改革であり、制度の「担い手」に重点を置いたものではありませんでした。司法の担い手のあり方を制度的に変革しようとする法曹一元制も、戦後70年以上を経過した現在でも実現されておらず、法曹のあり方を改革しようとする志が、思考停止状態になっています。

この委員会は、制度改革の重要性を否定するものではありませんが、今から直ちに着手できる制度の「担い手」にスポットライトを当て、法曹養成の一環として、これまで軽視されてきた法曹倫理教育の視点から、司法の担い手の人間的成長を図ろうとするものです（参考のため、現在の「法曹倫理教育に関する委員会規則」を添付します）。

2 「裁判官の良心」

委員会の目的は、法曹倫理教育の充実ひいては司法・法曹文化の確立にあることを述べましたが、そこでは、「良心的法曹」の育成が目標であるため、これがキーワードとなっています。そこで、良心的法曹の核心的な要素である「裁判官の良心」について述べたいと思います。

「裁判官の良心」の問題は、「法曹三者の良心」に通底する問題です。

(1) 憲法76条3項は「すべて裁判官は、その良心に従ひ独立してその職権を行ひ、この憲法及び法律にのみ拘束される」と定めています。

ここにいう「裁判官の良心」の意義については、主観的良心説、客観的良心説の学説の対立があり、憲法19条の「良心」と同義か、「良心」は法源となるか、などが論点とされています。

しかし、憲法19条の「良心」は、信念信条の善悪は問われないものであり、本来「良心の自由」ではなく「内心」「信条」の自由というべきものと考えます。19条と76条の「良心」を同義と考えるべきではないと思います。

また、客観的良心説は、「裁判官の良心」とは裁判官としての職業上の良心とするにとどまり、それ以上に「良心」の意義について探究はなされていません。

ところで、憲法76条3項は「すべて裁判官は、その良心に従ひ独立してその職権を行ひ、この憲法及び法律にのみ拘束される」と規定しています。

「その良心に従ひ独立して」の英訳はindependent in the Exercise

of their conscience とあるのでこの英訳を踏まえると「良心を行使するにあたって独立して」となります。裁判官が職権を行うにあたっては、独立して良心に従うとなります。良心が主役であり、独立性は脇役となっています。この独立性については、国会、行政、司法行政、マスコミ等国家及び社会的権力からの独立（田中耕太郎「裁判官の良心と独立について」法曹時報７巻１号（1955年））と説明されていますが、自分自身の不正な欲求からの独立については、あまり強調して指摘されることがありません。しかし、司法官僚制の弊害の１つとして、裁判官の自己保身、立身出世等の欲求から、具体的な裁判において法の厳格、公正な適用がゆがめられているとの実状に照らせば、裁判官の法の忠実な厳守、それを支える裁判官の良心の発動は、重要な今日的課題と考え、もっと重視されるべきだと思います。

それゆえに、ほとんどの論議が、「独立性」が中心となり「良心性」が強調されることがありませんが、逆と考えるべきです。良心性がメインであり､良心性を働かせるための独立性があると考えるべきです。

私は、あえて、憲法76条３項前半は、裁判官が職権を行使するにあたっての裁判官の行為規範として、「良心性」と「独立性」の２つを定めたものと考えます。

裁判官が職権行使にあたり、本来の使命・役割を果たすうえで、内と外の障害を排斥する規範・原則が「良心性」「独立性」と解します。

立法、行政、司法行政等の不当な干渉を排除するのが裁判官の独立性の原則です。

裁判官の内面における欲望や邪心に負けずに、裁判官の本来的使命を貫徹することが裁判官の良心です。

最判昭和23・11・17刑集２巻12号1565頁が「憲法第76条第３項の裁判官が良心に従うというのは、裁判官が有形無形の外部の圧迫乃至誘惑に屈しないで自己内心の良識と道徳感に従うの意味である」と説示しているのは重要です。ここでいう「無形の外部の圧迫乃至誘惑に屈しないで自己内心の良識と道徳感に従う」とは、裁判官が、内面における欲望や邪心に負けないことを「裁判官の良心」と意味付けているのではないでしょうか。

なお、客観的良心説の中には、憲法・法律を忠実に守ることが良心に従うことになるので、憲法76条3項の「良心に従ひ」に特別の意味はないとする主張がみられますが（清宮四郎『憲法Ⅰ』有斐閣（1971年）352頁）、憲法・法律等を忠実に守れるかどうかが大きな問題であり、裁判官に良心性を求めた憲法76条3項の意義を軽視する見解です(注1)。

⑵　裁判官の良心を考えさせる事案を1つ紹介します。それは足利事件における新旧DNA鑑定をめぐる再審第1審の宇都宮地方裁判所の判断についてのものです。弁護人は刑務所にいる被告人から郵送で頭髪を入手し、被害者の下着から得た犯人の体液を保管していた鑑定人から新しい進歩した方法による鑑定結果を得て、宇都宮地裁に再鑑定を求めました。有罪の決め手とされた、科警研（警察庁の科学警察研究所）によるDNA鑑定結果では被告人と被害者に付着した犯人のDNAは同一とされていましたが、新たな鑑定では、別人のものとの結果でした。著しく進歩した新鑑定を実施すべきことは、常識といえることです。しかし、再審第1審の宇都宮地裁は、弁護人に郵送された頭髪が被告人のものか否かの証明がないとの理由で再鑑定の申請を排斥し、再審申立ても認めませんでした。

（注1）「良心」については、一般に次のように定義されています。

・「物事の是非・善悪を正直に判断し、状況や利害に左右されずに善いと信ずるところに従って行動しようとする気持」（小学館国語辞典編集部編『精選版　日本国語大辞典』小学館（2006年））

・「自分の言行の道徳的な判断をして、よいことをし、悪いことをしないようにしようとする意識」（梅棹忠夫ほか監修『講談社カラー版日本語大辞典〈第二版〉』　講談社（1995年））

・「何が善であり悪であるかを知らせ、善を命じ悪をしりぞける個人の道徳意識」（新村出編『広辞苑〈第七版〉』岩波書店（2018年））

・「自己の言動に対し、善悪の判断を下す、こころの働き」（久松潜一＝佐藤謙三編『新版国語辞典』角川書店（1969年））

弁護人は、宇都宮地裁は科警研という「権威」への配慮からDNA再鑑定を命ずる勇気がなかったと述べています。DNA再鑑定は確定審段階の最高裁でも却下されているので、最高裁の「権威」に従ったともみられます。

しかし、弁護人は入手した頭髪を鑑定し、被害者の下着に付着した体液のDNAと被告人のDNAは異なると主張しているのですから、誰が考えても、元の科警研によるDNA鑑定を疑い、被告人から直接に頭髪を入手し、再鑑定を実施すべきではないでしょうか。

実際に、再審第2審の東京高裁は、DNA再鑑定を認め、被告人の再審無罪を導いています。宇都宮地裁の裁判官は、自己保身、立身出世など自分の欲望に負けて、裁判官本来の役割（無実の者を罰してはならない）を果たさなかった、といえるのではないでしょうか。

私は、このような裁判官は「裁判官の良心」という憲法の裁判官としての行為規範を遵守しなかったものとして、厳しく非難されるべきものと考えます。

⑶　憲法76条3項の「良心」の解釈にあたっては、それを「裁判官としての良心」と解することで探究を止めるべきではなく、人間の心理、人間の心の領域についての研究成果を踏まえるべきであると考えます。

以下、参考のために、広く承認されている、アメリカの心理学者アブラハム・ハロルド・マズローが提唱した欲求5段階説に触れておきます（A・H・マズロー著、小口忠彦訳『人間性の心理学－モチベーションとパーソナリティ〈改訂新版〉』産業大学出版部（1987年））。

マズローは、人間の成長に従って、5つの欲求が現れるとして、欲求を類型化階層化して、順に、①生理的欲求、②安全の欲求、③所属と愛の欲求、④承認の欲求、⑤自己実現の欲求を5段階説として示しました。

人間は、自己実現に向かって絶えず成長するとの仮説に基づいていることも重要です。

人間は、成長に従って①→⑤への欲求が現れ、⑤自己実現の欲求がより高次の欲求であると位置づけるとともに、①～④の欲求も人間に内在するものとします。また、①～④は、善悪を問わないもの（これらの欲求は悪とは限らない）としています。

マズローの理論で「裁判官の良心」との関係を論ずると、裁判官が自己保身を考えるのは、②安全の欲求、③所属と愛の欲求によるものです。また、立身出世を考えるのは、④承認の欲求です。裁判官が本来の使命や役割を自覚し、それを貫き通そうとするのは、⑤自己実現の欲求といえます。「裁判官の良心」とは、自己保身や立身出世などの欲望に負けないで、本来の使命・役割を貫くことです。

(4)　以上に述べたように、「裁判官の良心」とは、裁判官が職権を行使する場合に遵守すべき憲法が定める行為規範であり、自身の不正な欲求（自己保身や立身出世など）に負けることなく本来の使命や役割を貫くことを意味します。本来の使命や役割とは、同じく憲法が定める「憲法及び法律のみに拘束される」ということであり、憲法等の法令を忠実に遵守することに尽きます。

たとえば、刑事裁判において、「疑わしきは被告人の利益に」「無実の者を処罰してはならない」という鉄則、「公務員による拷問……は、絶対にこれを禁ずる」「何人も自己に不利益な供述は強要されない」「強制、拷問もしくは脅迫による自白……は、証拠とすることができない」などの憲法の諸規定、「事実の認定は、証拠による」などの刑事訴訟法の諸規定が遵守されていない現実を前提にすると、法令の忠実な遵守に不可欠な、裁判官がその良心に従うべきことを定めた「裁判官の良心」の意義は、極めて重要であり、法曹全体が人間的成長を図るためにどうすべきかという優れて今日的課題であると考えます。

3　再審無罪事件を教材とする理由

(1)　委員会の目的には、一次的には法曹倫理教育の充実を図ろうとするところにありますが、最終的には、より多くの良心的法曹を養成し、自らも良心的法曹であろうとする司法・法曹文化の確立を目指すところにあります。

この目的に照らすと、再審無罪事件を法曹倫理教育の教材とすることが重要というより、不可欠のことと考えます。

(2)　4つの死刑再審無罪事件をはじめとして今日まで数多くの再審無罪事件が生まれていますが、誤判と公認されたこれらの事件の出現は、戦後70年を経た司法の病理を象徴しているといえます。

誤判の原因は、司法の独立や自由心証主義の壁に阻まれて解明されないままとなっていますが、私たちは、法曹なかんずく裁判官が良心的でないことに真因があると考えています。「良心的でない」とは、刑事裁判の鉄則や憲法、刑事訴訟法などの法令を、自身の保身や立身出世などの欲求、検察、警察の権威への配慮に負けて、裁判官の使命・役割を果たさず、憲法・法律等の法令を忠実に遵守しようとしないことです。

このことは1つの仮説であるかもしれませんが、再審無罪事件を教材とすることによって、①国家権力がその行使を誤ることがあること、②そのことにより犯人とされた人の人生（場合によっては生命）が奪われていること、③誤判は、戦争と同様に国家による最大の人権侵害であること、④裁判の過程、判決において憲法及び法律等が忠実に遵守されていたかなどを学ぶことによって、必ずや、法曹のあり方、良心性を考える契機となるものと考えます。

(3)　最後になりますが、ユネスコ憲章の前文にある「戦争は人の心の中で生まれるものであるから、人の心の中に平和のとりでを築かなければならない」の類比として「えん罪は裁判官の心の中で生まれるものであるから、裁判官の心の中に良心のとりでを築かなければならない」と指摘させていただきます。

法曹倫理教育に関する委員会規則

制定　平成26年4月28日常務理事会承認
改正　平成26年8月21日常務理事会承認
改正　平成26年11月20日常務理事会承認

（名称）

第１条　関東弁護士会連合会に、当連合会創立60周年を迎える契機として、関東弁護士会連合会法曹倫理教育に関する委員会（以下「委員会」という。）を置く。

（目的）

第２条　委員会は、法科大学院等における法曹倫理に関する教育を充実するための諸活動を行うことを目的とする。

（活動）

第３条　委員会は、次の活動を行う。

⑴　法科大学院における法曹倫理教育の実状を調査すること

⑵　法曹倫理を司法試験の科目とすること

⑶　法曹倫理の研究を行うための学術団体(仮称－法曹倫理教育学会)の設立をすること

⑷　法曹に共通する倫理・使命を研究すること

⑸　法曹倫理教育の充実のため、法科大学院生向けテキスト（例えば、死刑再審無罪事件のテキスト等）を作成すること

⑹　その他、目的達成のための調査、研究、提言等の諸活動を行うこと

（委員会の構成）

第４条　委員会は、40名以内の委員をもって組織し、その構成は、次のとおりとする。

⑴　各弁護士会から各２名以内

⑵　その他理事長が必要と認めた者

2　前項(1)の委員の選任については、管内弁護士会から推薦のあった者を理事長が委嘱する。

3　委員会に、委員の互選により、委員長及び副委員長若干名を置く。

4　委員会に、顧問若干名を置くことができる。顧問は、当連合会管内弁護士会会員又は法曹倫理教育に関する知識、識見等を有する者の中から、理事長が指名するものとする。

（委員及び顧問の任期）

第５条　委員及び顧問の任期は、委嘱のときから２年とする。

（委員以外の弁護士への委嘱）

第６条　委員会は、必要と認めるときは、理事長の承認を経て、第３条の活動を委員以外の弁護士に委嘱することができる。

（事務局）

第７条　委員会に事務局を置く。

2　事務局は、委員長の命を受けて委員会の庶務をつかさどる。

3　事務局は、事務局長１名及び事務局次長若干名により構成する。

4　事務局長及び事務局次長は、委員の中から委員長が指名する。

附　則

1　この規則は、平成26年4月28日から施行する。

2　平成26年度中に選任される委員の任期は、第５条の規定にかかわらず、平成28年3月31日までとする。

附　則

1　第１条、第４条第４項、第５条の見出し及び同条の改正規定は、平成26年8月21日から施行する。

2　平成26年度中に選任される顧問の任期は、第５条の規定にかかわらず、平成28年3月31日までとする。

附　則

第７条の改正規定は、平成26年11月20日から施行する。

平成 26 年度乃至令和 3 年度
法曹倫理教育に関する委員会第 2 部会委員及び顧問名簿

順不同・敬称略。所属及び肩書は当部会在籍当時のものである。

委員

東京弁護士会	杉山　功郎
	市川　　充
第一東京弁護士会	尾崎　行正
埼玉弁護士会	武笠　正男
千葉県弁護士会	橋本　拓朗
茨城県弁護士会	飯島　章弘
	上澤　一郎
静岡県弁護士会	坂部　利夫

顧問

東京弁護士会	若旅　一夫
	髙中　正彦
	太田　秀哉
白鵬大学法科大学院教授	村岡　啓一
明治大学法学部特任教授	森際　康友

サービス・インフォメーション

通話無料

①商品に関するご照会・お申込みのご依頼
TEL 0120 (203) 694／FAX 0120 (302) 640
②ご住所・ご名義等各種変更のご連絡
TEL 0120 (203) 696／FAX 0120 (202) 974
③請求・お支払いに関するご照会・ご要望
TEL 0120 (203) 695／FAX 0120 (202) 973

●フリーダイヤル（TEL）の受付時間は、土・日・祝日を除く 9:00～17:30です。

●FAXは24時間受け付けておりますので、あわせてご利用ください。

ー不祥事事例の分析だけでは身につかない！ー
弁護士が説く弁護士の押さえておくべき法曹三者の倫理

2022年10月25日　初版発行

編　著　関東弁護士会連合会
　　　　「法曹倫理教育に関する委員会」
発行者　田　中　英　弥
発行所　第一法規株式会社
　　　　〒107-8560　東京都港区南青山2-11-17
　　　　ホームページ　https://www.daiichihoki.co.jp/
装　丁　タクトシステム株式会社

弁護士倫理　ISBN978-4-474-07853-6　C2032 (5)